SIBYLLINISCHE BLÄTTER

VON

HERMANN DIELS

BERLIN
DRUCK UND VERLAG VON GEORG REIMER
1890

EDUARD ZELLER

ZUM 22. JANUAR 1890

I.

Das abgeschmackte Wunderbuch des Phlegon aus Tralles teilt bei Gelegenheit eines römischen Prodigiums die sibyllinischen Orakelverse mit, welche damals (125 v. Chr.) zur Sühnung des unheildrohenden Zeichens verwandt worden seien[1]. Der bedenkliche Charakter des Schriftstellers, die starke Verderbnis der mitgeteilten Verse, der nur allzu berechtigte Abscheu vor allem sibyllinischen Wesen hat bis jetzt verhindert, jener Ueberlieferung Phlegons die gebührende Aufmerksamkeit zu widmen und ein in der That einzig dastehendes Denkmal der griechischen Poesie dem Verständnisse zu erschliessen. Mir hat sich bei eingehender Untersuchung herausgestellt, dass jene Orakel sind was sie sein wollen, echte Sibyllenverse, die zu den einst auf dem Capitol aufbewahrten und von den Decemvirn eingesehenen Libri fatales gehörten.

Jene Auszüge Περὶ θαυμασίων καὶ μακροβίων, die der berühmte Heidelberger Mirabiliencodex (Palatinus graecus

[1] Mirabilia c. 10. Ich habe die Orakel-Texte am Schlusse S. 111 ff. zusammengestellt.

398, s. X, f. 216r—234v) enthält, tragen denselben superstitiösen Character, der auch in Phlegons Chronik (Ὀλυμπιάδες, Ol. 1—239 [137 n. Chr.] umfassend) nach einer Bemerkung des Photios geherrscht haben muss. Auch ist den meisten dieser Wunderberichte eine annalistische Einkleidung gewahrt geblieben, so dass man sie leicht als Bruchstücke der Chronik betrachten könnte[1], wenn nicht einige ausserhalb der Olympiaden fallende Notizen diesen Ursprung unwahrscheinlich machten. Jedenfalls aber darf man diese Mirabilien als Bruchstücke derselben Materialsammlung betrachten, welche sich der Freigelassene Hadrians zum Zwecke seiner Chronik angelegt und hergerichtet hatte.

Dies muss man festhalten, wenn man die chronologische Bestimmung würdigen will, die an der Spitze jenes 10. Kapitels steht (s. den S. 111, 1 abgedruckten Text). Die Zeit des Prodigiums wird nemlich, wie es auch in den

[1] Dem widerspräche nicht die gesonderte Aufzählung der Schriften Περὶ μακροβίων καὶ θαυμασίων neben dem Olympiadenwerk bei Suidas. Denn hier sind wie gewöhnlich verschiedene Quellen ohne Verständnis zusammengeschrieben. So wird die Epitome der Ὀλυμπιάδες, wie es scheint, zweimal mit verschiedener Buchzahl aufgezählt. Das Misverständnis des Suidas ἀπελεύθερος τοῦ Σεβαστοῦ Καίσαρος erklärt sich offenbar am leichtesten, wenn eine unserm Palatinus ähnliche Sammlung vorgelegen hat. Denn die Subscription heisst daselbst f. 234v Φλέγοντος Τραλλιανοῦ ἀπελευθέρου Καίσαρος περὶ θαυμασίων καὶ μακροβίων (die Angabe fehlt in der Ausgabe von O. Keller [Paradoxographi, Leipz. 1877] S. 75, die ich mangels einer besseren citire). Auch das Fragment περὶ τῶν Ὀλυμπίων, das sicher den Anfang der Chronik bildete, steht in der Pfälzer Hds. Falls man auch für die Wundergeschichten gemeinsamen Ursprung aus den Ὀλυμπιάδες annehmen wollte, müsste man die prähistorischen Berichte für Digressionen halten.

meisten andern Capiteln geschieht, nicht nur römisch, sondern auch attisch bestimmt: ἐγεννήθη καὶ ἐπὶ Ῥώμης ἀνδρόγυνος ἄρχοντος Ἀθήνησιν Ἰάσονος, ὑπατευόντων ἐν Ῥώμῃ Μάρκου Πλαυτίου [καὶ Σέξτου Καρμινίου] Ὑψαίου καὶ Μάρκου Φουλβίου Φλάκκου. Der Archon Iason ist nicht bestimmbar, zumal Homonyme, wie es scheint, Schwierigkeit bereiten. Dagegen ist das römische Jahr durch die Consuln M. Plautius Hypsaeus M. Fulvius Flaccus mit vollkommener Sicherheit als das varronische J. 629 (125 v. Chr.) gekennzeichnet. Schwierigkeiten machte nur der dritte eingeschobene Consulname Σέξτου Καρμινίου. Meursius vermutete, dass hier zwei verschiedene Jahre in eine Erzählung vereinigt und die Namen des Consulpaares in der Handschrift verstümmelt seien. Diese Vermutung entbehrt jeglichen Anhaltes. Denn erstlich hat er nicht nachgewiesen, ja nicht einmal nachzuweisen versucht, dass hier wirklich zwei Prodigienerzählungen vorliegen. Er hat ferner nicht beachtet, dass Phlegon die volle Nomenklatur zu setzen pflegt, und daher das zusammengehörige Μάρκου Πλαυτίου Ὑψαίου ganz unwahrscheinlich unter zwei Personen verteilt. Er hat weiter vergessen, dass dann auch ein zweiter attischer Archon nach der feststehenden Norm des Schriftstellers genannt sein müsste. Er hat endlich aus Sextus Carminius einen Sentius (richtiger Serius) Augurinus gemacht, um dem verlassenen Marcus Plautius (nemlich Silvanus, wie er meint) einen Collegen zu geben, der auf ein Prodigium des Jahres 157 n. Chr. (also weit jenseits der unteren Grenze der Chronik Phlegons) führen würde. Alle diese Unmöglichkeiten haben die neuesten Herausgeber des Orakels nicht abgehalten, der Vermutung des Meursius ihren Beifall zu zollen; nur haben sie ihn darin zu verbessern geglaubt, dass sie das handschriftliche Σέξτου Καρμινίου vielmehr in Λουκίου Κανινίου verwandelten. Dies würde das Consulpaar M. Plautius Silvanus L. Caninius Gallus ergeben, die als Suffecti des J. 752 genannt werden. Die Schwierigkeit auch dieser Conjectur nicht blos vom palaeographischen, sondern auch vom chronologischen Standpunkte hat J. Klein (Rh. Mus. XXXIII 134) treffend hervorgehoben. Das Richtige hatte schon lange mit seinem gesunden Sinne Joh. Alb. Fabricius gefunden: Sextus Carminius ist ein Einschiebsel, nach dessen Beseitigung der Text vollkommen in Ordnung ist, da die übrigbleibenden Namen ohne weiteres das Consulpaar des Jahres 125 v. Chr. ergeben [1]. Der eingeschobene Name Sextus Carminius ist viel zu singulär als dass er auf einfacher Verderbnis beruhen könnte. Das hat Klein richtig bemerkt, indem er nach Mommsens Vorgang auf Sex. Carminius Vetus aufmerksam macht, der aus einer spanischen Inschrift als consul ordinarius des Jahres 903 (150 n. Chr.) bekannt geworden ist. Aber wenn er meint, das Consulpaar dieses Jahres (Sex. Carminius Vetus M Gavius Squilla) könne von Phlegon selbst zugefügt sein, um ein ähnliches Prodigium seiner Zeit zu verzeichnen, so ist diese, wenn auch ganz bescheiden vorgetragene Vermutung abzulehnen. Denn es ist nicht geraten, mit dem Werke des Phlegon soweit

[1] So natürlich auch Mommsen zu C. I. L. II 3718.

herabzugehen, und vor allem ist es nicht geraten, einen Namen der durch die Stellung im Satze seinen fremden Ursprung verrät, dem Schriftsteller selbst auf die Rechnung zu setzen, der solche Mitteilungen in anderer Form zu bringen pflegt. Die richtige Erklärung des Emblems verdanke ich O. Hirschfeld. Er sah, dass Σέξτου Καρμινίου ein misratener Ergänzungsversuch ist, den ein eifriger Leser einer kurz vorher c. 9 (S. 75, 26 K.) vorhandenen Lücke angedeihen lassen wollte. Dort ist die Jahresangabe ὑπατευόντων ἐν Ῥώμῃ λουκίου λαμία καὶ αἰλιανοῦ καὶ οὐέτερος verdorben. Klein hat jetzt nach dem teilweisen Vorgange Anderer das richtige Consulpaar Λουκίου Λαμία Αἰλιανοῦ καὶ ⟨Λουκίου Ἀντιστίου⟩ Οὐέτερος hergestellt[1]. Aber es war natürlich schon längst erkannt und musste selbst byzantinischen Lesern einleuchten, dass vor dem Cognomen Οὐέτερος zwei Namen ausgefallen seien. Wenn nun ein solcher Leser den folgenden Satz τοῦτον καὶ αὐτὸς ἐθεασάμην erwog und in den Consularfasten des zweiten Jahrhunderts umhersuchte, konnte er leicht auf den Sex. Carminius Vetus des J. 150 verfallen, dessen Namen er als Emendationsvorschlag am Rande notirte, von wo er einige Zeilen tiefer in den Text geriet[2].

Da die Phlegontischen Parallel-Datirungen namentlich für die Herstellung der attischen Archontenliste von

---

[1] Jahrb. d. Vereins v. Altertumsfr. im Rheinl. LVIII 83, Rh. Mus. XXXIII 133. Fasti cons. S. 58 zu 869. 116.

[2] Dergleichen halbgelehrte Bemerkungen finden sich öfter, s. z. B. das aus einem auch bei Suidas benutzten Lexicon geflossene Scholion S. 71, 3 Keller, s. Nauck Fragm. Tragicorum[2] 713 u. 1128. u. A.

grossem Werte sind, habe ich bei diesem Punkte etwas ausführlicher verweilen zu müssen geglaubt.

Phlegon erzählt also ein Prodigium des Jahres 125 v. Chr., bei welcher Gelegenheit der Senat die Befragung der sibyllinischen Bücher durch die Decemvirn angeordnet und diese die Exegese gegeben hätten[1]. Dann folgen die 70 Verse des Orakels. Aber wie ist es möglich, wird man vorab fragen, dass hier Sprüche mitgeteilt werden, die nur von der heiligen Behörde und auch von dieser nur auf Befehl des Senates eingesehen werden durften[2]? Das ganze Staatsinteresse erforderte ja dringend die Geheimhaltung dieser arcana imperii und die heilige Legende hatte in der Person des ersten Duumvirn M. Atilius ein grausiges Exempel verräterischer Untreue statuirt[3]. Aber trotzdem wird es schwer, ja unmöglich gewesen sein, solche Geheimnisse zu bewahren, namentlich nachdem das heilige Collegium zehn Mitglieder erhalten hatte. Der Inhalt der Orakel, insofern er die Art der Procuration vorschrieb, wurde ja stets officiell bekannt gegeben und in den Annales maximi verzeichnet[4]. Dass das Orakel des J. 125 durch

---

[1] S. 76, 3 δι' ἣν αἰτίαν ἡ σύγκλητος ἐκέλευσεν τοὺς ἱερομνήμονας ἀναγνῶναι τοὺς Σιβύλλης χρησμούς, καὶ ἐξηγήσαντο τοὺς χρησμούς.

[2] S. die Excerpte aus Varros Buche Rerum divinarum bei Dionys. Ant. IV 62, 4; Lact. Inst Div. I 6 und den Commenta Bern. Lucani ed. Usener S. 37, 28. Vgl. Cicero de div. II 54, 112.

[3] Varro a. O. Val. Max. I 1, 13. Zonaras VII 11.

[4] Dass die *Commentarii X (XV) virorum*, die für die augusteische Zeit bezeugt sind, bereits in der republikanischen geführt wurden, ist nicht überliefert, aber eigentlich selbstverständlich. Denn da diese Interpretationen der Xviri schriftlich gegeben wurden, so musste ein Protokoll darüber geführt und aufbewahrt werden. Vgl. Liv.

die damaligen Zehnmänner interpretirt wurde, berichtet Phlegon ausdrücklich. Es mochte daher wol einmal einem dieser Interpreten in den Sinn kommen, eine solche Urkunde, die zu seiner Zeit eine geschichtliche Rolle gespielt hatte, auch den Worten nach in seiner Familienchronik aufzuzeichnen. So konnten auch diese Geheimnisse unter Umständen bekannt und der Nachwelt überliefert werden[1]. Ein altes Beispiel solcher Indiscretion erkenne ich in der noch nicht befriedigend aufgeklärten Geschichte der Carmina Marciana.

Im J. 212 waren die angeblichen Weissagungen des Sehers Marcius, die ihre Entstehung, wie sicher festgestellt ist, der Katastrophe von Cannae verdankten, vom Senate anerkannt, officiell recipirt und wie die älteren Sibyllenorakel der Obhut der Zehnmänner anvertraut worden[2]. Seitdem kann natürlich kein Unterschied zwi-

---

XLII 2, 6 *ob haec prodigia libri fatales inspecti editumque ab decemviris est et quibus diis quibusque hostiis sacrificaretur ... itaque sacrificatum est, ut Xviri scriptum ediderunt.* Diese Commentarii sind vermutlich zusammen mit den Libri fatales aufbewahrt worden und im J. 83 zusammen verbrannt. Daher später die gefälschten Angaben über die Säcularjahre.

[1] Beispiele für dergleichen sacralantiquarische Raritäten in der annalistischen Ueberlieferung gibt Plinius H. N. XXVIII 12: das Devotionscarmen der Decier (s. Liv. VIII 9, 6f.), die Deprecation der Vestalin Tuccia, das carmen bei dem Menschenopfer. Ganz ähnlich wie mit der Geheimhaltung der Sibyllinen ward es in älterer Zeit mit der ganzen von den Pontifices gehüteten Sacrallitteratur gehalten (Liv. V, 1, 10). Trotzdem benutzte z. B. Varro die Indigitamente.

[2] Der Decemvir Cornelius Rufus Sibylla stellte den Antrag auf Grund des Orakels des Marcius, das wie Livius XXV 12, 11 andeutet und Macrobius I 17, 27 bestimmt sagt, aus den sibyllinischen Büchern bestätigt wurde. Ueber den Zusammenhang beider später.

schen diesen lateinischen und den griechischen Libri fatales gemacht worden sein. Bei jedem Auftrage des Senats an die Commission mussten hinfort die Marciana ebenso gut wie die Sibyllina aufgeschlagen werden. Eine Veröffentlichung jener unterlag also derselben *religio*. Trotzdem sind uns bekanntlich zwei Marcianische Weissagungen durch Livius[1] erhalten. Es ist zwar unzweifelhaft, dass die deutlich durchschimmernde hexametrische Einkleidung[2] weder Orakeln des Jahres 213, noch viel weniger solchen, die damals als uralt gelten sollten, angehören kann, aber der Inhalt namentlich des zweiten Orakels scheint den Verdacht späterer antiquarischer Fälschung, wie man sie sich etwa von Valerius Antias versehen könnte, abzuwehren. Ebenso wenig kann es richtig sein, diese hexametrische Umformung mit der Wiederherstellung der i. J. 83 verbrannten Orakel zusammenzubringen[3]. Denn die Commission, welche mit der Herstellung des zerstörten Schatzes betraut war, bestand natürlich wenigstens teilweise aus den Quindecimvirn der sullanischen Zeit, welche die ächten Marciana noch unter den Händen gehabt hatten. Da sie im Stande waren die griechischen Orakel nach äusseren Kennzeichen auf ihre Echtheit zu prüfen, so werden sie wol so gut oder noch besser wie Cicero (de div. I 50, 115) gewusst haben, in welchem Tone die alten Wahrsager gesungen

[1] Liv. XXV 12. Vgl. Macrobius Sat. I 17, 28.

[2] S. O. Ribbeck in Jahns J. f. cl. Phil. 77, 204.

[3] Vgl. Bährens Fragm. poet. r. S. 21. 294f. Die Kennzeichen, die ihn auf das J. 76 raten lassen, sind trüglich. Livius selbst hatte den Eindruck der Altertümlichkeit.

hatten. Wenn also die Marciana des J. 213 unzweifelhaft noch im nationalen Saturnier gedichtet waren wie jene, die Ennius von den *fauni vatesque* kannte, von wem rührt dann die Uebertragung in das moderne Mass her? Man könnte an Ennius selbst denken, aber nur einen Augenblick. Denn abgesehen von der Metrik jener Hexameter, die sich ja bei der unvollkommenen Erhaltung nicht mit Sicherheit abschätzen lässt, Livius selbst hält die Orakel für Originalwerke; als Verse des Ennius konnte er sie nicht mit folgenden Worten einleiten: *alterum carmen recitatum non eo tantum obscurius, quia incertiora futura praeteritis sunt, sed perplexius etiam scripturae genere* (XXV 12, 8). Auch gehört Ennius, abgesehen von Phrasen und Versen, die jedem römischen Knaben geläufig waren, nicht zu den eigentlichen Quellen des Historikers. Vielmehr drängt sich die Vermutung auf, dass uns hier Reste der lateinischen Bearbeitung der Fabischen Annalen vorliegen, die wie Ciceros Urteile beweisen[1] und die Quellenforschung der neueren Zeit auch

[1] Die Stellen bei Peter Hist. Rom. Fr. S. 74. Cicero scheidet hier, wo er Fabius, Cato, Piso u. s. w. der griechischen Logographie gegenüberstellt, absichtlich nicht zwischen der griechischen und lateinischen Fassung, da die gerügte annalistische Dürre beiden Bearbeitungen gemeinsam sein musste. Aber wenn er de div. I 25, 43 ausdrücklich die griechische Fassung citirt (vielleicht aus Poseidonios), so trennt er sie doch offenbar von der lateinischen Bearbeitung. Die von vielen geteilte Ansicht Schweglers (I 76), dass Fabius die griechische Sprache gewählt habe, weil die lateinische zur Geschichtsdarstellung noch nicht geeignet gewesen sei, scheint mir gänzlich verkehrt zu sein. Denn die Annales maximi gaben ja so wie so das Muster ab. Mochte das griechische Idiom für die Urgeschichte gewisse Vorzüge besitzen, für die spä-

für Diodor und Livius immer mehr herausstellt, wegen ihrer besonderen Zuverlässigkeit auch noch gegen Ende der Republik ein geschätztes Buch waren. Von Livius insbesondere liegt ausser anderen Zeugnissen namentlich das Geständnis vor, dass er jene zeitgenössische Chronik als Hauptquelle benutzt habe (XXII 7, 4). Man wird den Worten nicht allzu viel, aber auch nicht allzu wenig Gewicht beilegen dürfen, man wird auch darüber zweifelhaft sein können, ob er den Schriftsteller selbst oder nur Citate ausgeschrieben, ob er den griechischen oder lateinischen Fabius benutzt habe. Nur wird man sich alle diese Möglichkeiten offen halten müssen. Thatsache ist

tere Zeit war es doch entschieden das einfachere, römische Dinge römisch zu benennen. Den wirklichen Beweggrund Pictors, die Rücksicht auf das griechische Publicum, hat Niebuhr aus den Zeitverhältnissen heraus richtig erkannt. Es hätte also gar nichts befremdendes anzunehmen, dass Fabius selbst mit einigen Variationen sein Buch später auch lateinisch bearbeitet hätte, wie Schwegler, von seinem Standpunkt aus freilich unbegreiflich, annimmt. Aber ebenso wahrscheinlich ist es, vielleicht noch wahrscheinlicher, dass erst die nächste Generation das Bedürfnis empfand, den Fabius lateinisch zu lesen. Die paar Fragmente beweisen nichts weiter, als dass der lateinische Pictor noch der archaischen Periode angehört. Zeit und Person des Uebersetzers näher bestimmen zu wollen, scheint mir aussichtslos. Denn wie ausser Cicero besonders Quintilian zeigt, liess das Altertum den Bearbeiter hinter dem Originale völlig verschwinden. So sagt dieser I 6, 12 *Varro lupum feminam dicit, Ennium Pictoremque Fabium secutus.* Aus dieser Stelle hat man geschlossen (Soltau J. Jahrb. f. cl. Ph. 1886, 479; Röm. Chronol. 377), dass der lateinische Pictor bereits das Annalenwerk des Ennius ausschreibe. Aber das schlägt nicht durch, da die Zweideutigkeit *lupa* zu vermeiden jeder ernstgesinnte Römer um so mehr bedacht sein musste, als solche Umdeutung im Zeitalter des Ennianischen Euhemeros nahe lag und später wirklich erfolgt ist (s. Mommsen Röm. Forsch. II 1 ff.).

es, dass Fabius auf dem Höhepunkte der Gefahr nach der Schlacht bei Cannae als θεωρὸς nach Delphi gesandt worden war. Das lässt voraussetzen, dass er nicht nur der griechischen Sprache, sondern auch des graecus ritus kundig, also Decemvir war. Der lateinische Bericht über diese heilige Sendung (Liv. XXII 57, 5. XXIII, 11) ist ungewöhnlich eingehend und individuell; er verrät einen Verfasser, dem selbst das geringste Ceremoniell und die unbedeutendste Weisung der delphischen Küster wichtig schien, d. h. er ist aus Pictors Annalen ohne allzuviele Kürzungen übertragen, wie man auch längst gesehen hat. An der zweiten Stelle teilt er sogar das empfangene Orakel teilweise in Uebersetzung mit[1]. Unverkennbar klingen auch hier wie in den Marciusorakeln die altertümlichen Hexameter durch, die nur hier noch mehr durch erweiternde Paraphrase entstellt sind. Sie könnten etwa so gelautet haben:

---

[1] XXIII 11 *Q. Fabius Pictor legatus a Delphis Romam redit responsumque ex scripto recitavit. divi divaeque in eo erant, quibus quoque modo supplicaretur, tum 'Si ita faxitis, Romani, vestrae res meliores facilioresque erunt, magisque ex sententia res publica vestra vobis procedet, victoriaque duelli populi Romani erit. Pythio Apollini re publica vestra bene gesta servataque lucris* (so die Ueberlieferung) *meritis donum mittitote deque praeda, manubiis spoliisque, honorem habetote; lasciviam a vobis prohibetote'. haec ubi ex graeco carmine interpretata recitavit, tum dixit se oraculo egressum extemplo iis omnibus divis rem divinam ture ac vino fecisse, iussumque a templi antistite sicut coronatus laurea corona et oraculum adisset et rem divinam fecisset, ita coronatum navem ascendere nec ante deponere eam quam Romam pervenisset, se quaecumque imperata sint cum summa religione ac diligentia exsecutum coronam Romae in ara Apollinis deposuisse.* Vgl. damit Fabius fr. 16, worüber s. S. 106[1].

Sic si faxitis, Romani, res meliores
vestrae escunt, mage procedet res publica vobis
ex sententia, erit victoria vestra duelli.
ast lucris meritis de praeda donum et honorem
mittite Pythio. a vobis lascivia abesto.

Vergleicht man den Anfang dieses Orakels mit dem Ende des zweiten Marcianischen *hoc si faxitis recte, gaudebitis semper vestraque res fiet melior* (Bährens S. 295, V. 6. 7)[1], so fällt die Uebereinstimmung der Formeln auf. Es liegt daher wol am nächsten anzunehmen, dass Livius, sei es aus älterer Quelle sei es aus Pictor selbst, diese drei Orakel, natürlich livianisch stilisirt und paraphrasirt[2]

---

[1] Macrobius I 17, der dies Orakel auch mitteilt, schreibt von § 28 an lediglich erweiternd aus. Vielleicht ist einmal (zu Anfang) die handschr. Ueberlieferung des Livius aus ihm zu verbessern, im Uebrigen sind seine Varianten unbrauchbar. So ist *fietque res publica melior* offenbar interpolirt. Dass beide nicht etwa eine gemeinsame Quelle benutzen, wie man gewöhnlich annimmt, zeigt die weitere Erzählung. — Das delphische Orakel aus der Zeit des Vejenterkriegs, das den Abfluss des Albanersees betrifft (Liv. V 16, 8), ist wie der Schluss zeigt später gefälscht (s. Bährens S. 20); hier liegen aber Saturnier zu Grunde. Die Annalen, aus denen natürlich auch dies stammt (Cicero nennt ausdrücklich annalistische Quelle de div. I 44, 100), sind also wol nicht die des Pictor gewesen. Lauterbacher *Der Prodigienglaube und Prodigienstil der Römer* (Burgdorf 1880, 42 ff.) nimmt für die Prodigien der ersten Dekade Fabius Pictor und Piso als Quellen an. Dies scheint mir der Vergleich von Dionys XII 9, 10 mit Liv. V 13 zu bestätigen. Dagegen ist er mit Unrecht für die dritte Dekade Vollmer gefolgt, der Valerius Antias neben Caelius als Quelle der Prodigien ohne Beleg annimmt; Fabius Pictor liegt doch nach dem oben Ausgeführten mindestens ebenso nahe. Vgl. A. v. Breska *Quellenunters. im 21.—23. B. des Livius.* Berlin 1889 (Progr. 99.) S. 11[1].

[2] Für erweiternde Paraphrase halte ich auch *manubiis spo-*

übernommen hat. Bei dem delphischen Orakel versteht sich die Wiedergabe in Hexametern von selbst, zumal wenn der lateinische Bearbeiter bereits den durchschlagenden Erfolg des Ennius erlebt hat, mit dessen Kunst sich freilich seine Hexameter so wenig wie alle anderen archaischen messen können. Für die Weissagungen des Marcius dagegen wäre es geboten gewesen, die ächten Saturnier einzusetzen; und wenn Fabius Pictor selbst sein Werk übertragen hätte, würde er natürlich die echte Form, die ihm als Decemvir, wie wir annehmen, bekannt sein musste, mitgeteilt haben. Die Thatsache, dass dies nicht geschehen, dass die doch entschieden archaische Uebersetzung anachronistische Hexameter bringt, erklärt sich meines Erachtens so, dass nur Pictors griechische Fassung der Orakel, nicht mehr die Originale selbst dem Bearbeiter vorlagen. Wie man sich aber auch dies verwickelte Problem zurechtlegen mag, diese Marcianischen Orakel liefern den klaren Beweis, dass auch die Secreta des heiligen Collegiums ihren Weg in die Annalistik gefunden haben.

Ein noch deutlicheres Beispiel gewährt ein anderes sibyllinisches Orakel bei Phlegon selbst (Macrob. 4 = Zosimos II 6. Text s. S. 133 ff.), das berühmte Säcularge-

---

liisque, das den Gattungsbegriff *praeda* in seine Arten zerlegt (wie Cato S. 37 Jordan *numquam praedam, neque quod de hostibus captum esset neque manubias*. S. Mommsen Röm. Forsch. II 443 [67]). *manubis* müsste die Form im Hexameter gelautet haben, gerade für ältere Metrik nicht unbedenklich (s. Lachmann zu Lucr. 279). *Pythio* (wie *Pelio Ossam*) im griechischen Worte und nach griechischem Vorbilde ist ohne Anstand.

dicht, dessen Abfassungszeit streitig ist. Die letzten Verse

καί σοι πᾶσα χθὼν Ἰταλὴ καὶ πᾶσα Λατίνων
αἰὲν ὑπὸ σκήπτροισιν ἐπαυχένιον ζυγὸν ἕξει

könnten Phlegons Ansicht zu bestätigen scheinen, wonach es im Bundesgenossenkrieg entstanden sei[1]. Aber der Anhalt dieser Verse ist sehr schwach, da auch V. 16 Λατῖνος lediglich Ῥωμαῖος bedeutet, also eine bestimmte staatsrechtliche Terminologie, die sich auch mit χθὼν Ἰταλὴ schlecht genug reimen würde, nicht gemeint sein kann[2]. Abgesehen davon fehlt es an jeder Spur einer abgehaltenen oder auch nur beabsichtigten Säcularfeier in dieser Zeit. Es wird daher ratsamer sein das Gedicht mit dem augusteischen Feste des J. 17 in Verbindung zu setzen[3]. Denn wenn sich auch einige Abweichungen des Orakels von dem officiellen von Ateius Capito aufgesetzten Programme (Zosimus II 5; s. S. 131, 19 ff.) und von Horazens Lied finden, so fügen sich diese drei Urkunden doch im Ganzen so wohl zusammen, dass man schwerlich eine geeignetere Entstehungszeit des Orakels ausfindig machen kann. Es stimmt vor allem die Bestimmung des Säculums von 110 Jahren, die erst Varro in seiner Schrift De gente p. r. (bei Augustin d. civ. d. 22, 28) aus chaldäischen

---

[1] Bergk *Augusti rer. a se gest ind.* (S. 76) setzt es ins J. 88.

[2] Selbst wenn das *nomen latinum* deutlich neben Rom erschiene, folgte für die Zeit daraus so wenig wie aus Horaz C. S. 66 *remque Romanam Latiumque.*

[3] Höchstens könnte man an die für d. J. 23 vorbereitete Säcularfeier denken, die O. Hirschfeld Wiener Studien 1881, 103 richtig erschlossen hat (s. A. Kiessling Philol. Unters. II 120). S. Zosimos II 4 (s S. 131, 14 Anm.).

Quellen ausgegraben und Augustus mit besonderem Nachdrucke dem Publicum hatte einschärfen lassen [1], und die Art der poetischen Technik verrät (im Unterschied von den Androgynenorakeln bei Phlegon c. 10) einen gelehrten Verfasser, der nicht mehr aus der lebendigen Anschauung heraus die Opferriten vorschreibt, wie es dort geschieht sondern wie ein Schulmeister darüber klügelt [2]. Manche Eigentümlichkeiten des Gedichtes, vielleicht auch Abweichungen von dem officiellen Programm schreiben sich daher, dass ältere Orakelverse unverändert herübergenommen sind. Denn da dies Säculargedicht, was auch für möglichst geringes Alter spricht, nicht akrostichisch gebaut ist, so scheint z. B. die Folge ΔΑΠΕΔΟ der auch innerlich zusammenhängenden Verse 25—31 (s. S. 135) auf älteres Original hinzuweisen.

Aber mag dies Orakel bei Gelegenheit der künstlichen Wiedererweckung der altrömischen Religion durch Augustus oder früher verfasst sein, jedenfalls sieht man, dass wie Varro (und Cicero), wie Vergil in seiner vierten Ekloge, so auch noch spätere Berichterstatter Kenntnis vollständiger sibyllinischer Orakel verraten, dass also trotz des strengen Geheimnisses Abschriften umliefen. Denn dieser ganze Orakelapparat war ja in den beiden letzten Jahrhunderten wie der Augurat trotz des officiellen Nimbus bei den Wissenden zum Gespötte geworden, und

[1] S. Horaz C. S. 21 *certus undenos deciens per annos;* Censorin d. d. n. c. 17. Mommsen R. Chron.[2] 185[362].

[2] V. 12 πάνλευκοι ταῦροι δὲ Διὸς παρὰ βωμὸν ἀγέσθων ἤματι μηδ' ἐπὶ νυκτί· θεοῖσι γὰρ οὐρανίδῃσιν ἡμέριος πέλεται θυέων τρόπος. Ferner V. 16 Φοῖβος Ἀπόλλων ὅστε καὶ ἠέλιος κικλήσκεται.

indiscrete Decemvirn wussten wol, dass sie dem Schicksale ihres Vorgängers M. Atilius nicht verfallen würden.

Aber vielleicht liegt in solchen Fällen nicht einmal stets eine Indiscretion vor. Der Senat, der hier allein die Entscheidung hatte[1], konnte nicht nur die Befragung sondern auch die Mitteilung des Inhalts, ja sogar die Veröffentlichung des Urtextes aus politischen Gründen anordnen. Denn so sehr auch die Gebildeten sich über die *annosa volumina vatum* hinwegsetzten, das Volk legte nach wie vor Gewicht auf die Meinung seiner alten „Weltmutter"[2]. Im politischen Kampfe war jedes Mittel recht, und selbst nach dem Brande des Capitols i. J. 83, wo sich doch jeder sagen konnte, dass nur noch falsche Sibyllinen auf der Burg bewahrt seien, ward mit jenen Sprüchen noch manche heisse Schlacht im Senat geschlagen. So wusste der Volkstribun C. Cato die geplante Wiedereinsetzung des Ptolemaios Auletes i. J. 56 dadurch zu hintertreiben, dass er das ad hoc verfertigte Sibyllinum nicht nur dem Inhalte nach (der war schon vorher ins Volk gedrungen)[3], sondern in wörtlicher Uebersetzung verlesen liess[4]. Auch aus dem stürmischen Jahre 87

---

[1] Cicero de div. II 54, 112 *id quod proditum est a maioribus, iniussu senatus ne legantur quidem libri* (sc. *Sibyllini a XVviris*). Vgl. Varro bei Lact. I 6, 13.

[2] *mundi matrem* nennt die Sibylle Rutilius Namatianus II 60.

[3] Cassius Dio XXXIX 15, 4 ἐπειδὴ γὰρ τάχιστα ὁ νοῦς ἐπῶν διεθρυλήθη, ὥσπερ εἴωθε γίγνεσθαι. Vom Inhalte der Orakel zeigt sich das Volk auch sonst ziemlich genau unterrichtet, vgl. Liv. XXXVIII 45. Cic. de div. II 54, 114.

[4] Cassius Dio XXXIX 15, 2 τοῖς γὰρ Σιβυλλείοις ἔπεσιν ἐντυχόντες εὗρον ἐν αὐτοῖς ἐγγεγραμμένον αὐτὸ τοῦτο· "ἂν ὁ τῆς Αἰγύπτου

wird eine diesmal gegen die Demokraten gerichtete Veröffentlichung eines Orakels berichtet[1].

Es war also, wie auch die angeführte Dio-Stelle ergiebt, dem Senate durchaus anheimgegeben, in ausserordentlichen Fällen eine vollständige Veröffentlichung der Orakel anzuordnen. Es liegt demnach kein Grund vor zu bezweifeln, dass es auch im J. 125, um endlich auf das Orakel des Phlegon zurückzukommen, dem Senate frei stand, die sibyllinischen Weissagungen ganz oder teilweise zu publiciren, sei es um die erschreckten Gemüter zu beruhigen, sei es um einen bestimmten politischen Druck auszuüben. In der That ist jenes Jahr eines der schlimmsten der Gracchischen Epoche. In der Abwesenheit des

---

βασιλεὺς βοηθείας τινὸς δεόμενος ἔλθη, τὴν μὲν φιλίαν οἱ μὴ ἀπαρνήσησθε, μὴ μέντοι καὶ πλήθει τινὶ ἐπικουρήσητε. εἰ δὲ μὴ καὶ πόνους καὶ κινδύνους ἕξετε" ... ταῦτα δὲ ἐχρήσθη μὲν οὕτως, ἐδημοσιεύθη δὲ (οὐ γὰρ ἐξῆν οὐδὲν τῶν Σιβυλλείων, εἰ μὴ ἡ βουλὴ ψηφίσαιτο, ἐς τὸ πλῆθος ἐξαγγέλλεσθαι) διὰ τοῦ Κάτωνος. ἐπειδὴ γὰρ τάχιστα ὁ νοῦς τῶν ἐπῶν διεθρυλήθη, ὥσπερ εἴωθε γίγνεσθαι, ἔδεισε μὴ συγκρυφθείη, καὶ ἔς τε τὸν ὅμιλον τοὺς ἱερέας ἐσήγαγε κἀνταῦθα πρὶν ὁτιοῦν τὴν γερουσίαν ἐπ' αὐτοῖς χρηματίσαι, ἐξεβιάσατο ἐκλαλῆσαι τὸ λόγιον· ὅσῳ γάρ τοι μᾶλλον οὐκ ἐδόκει σφίσιν ἐξεῖναι τοῦτο, τὸ πλῆθος ἔσχε (lies ⟨τοσούτῳ⟩ τὸ πλῆθος ἔσχε, *umsomehr war das Volk standhaft geblieben*). καὶ ἐκεῖνο μὲν ἔσχεν οὕτω καὶ ἐς τὴν τῶν Λατίνων γλῶσσαν ⟨μετα⟩γραφὲν ἀνεκηρύχθη. Die politische Situation wird durch die gleichzeitigen Briefe Ciceros an Lentulus (I 1 ff.) deutlich. Die Indignation dieser Kreise über die *nefaria Catonis promulgatio* (I 5a, 2) und der Spott *quemadmodum homines religiosi Sibyllae placere dixerunt* ist bezeichnend.

[1] Granius Licin. S. 23, 2 Bonn. *placuit et, quod numquam alias, pro collegio quid in libris fatalibus scriptum esset palam recitare. constabat notari carmine, Cinna sexque tribunis patria plebis pulsis tranquillum otium et securitatem futuram.* Die Versicherung *quod numquam alias* dürfte schwerlich wörtlich zu nehmen sein.

C. Gracchus hatte der Consul M. Fulvius Flaccus den verhängnisvollen Antrag gestellt den Bundesgenossen das Bürgerrecht zu erteilen. Der Antrag, von der eigenen Partei nicht gehörig unterstützt, ward abgelehnt. Fregellae, der Vorort der latinischen Gemeinden, war darauf abgefallen, seit Menschengedenken wieder der erste Fall italischen Tumultes. Fulvius hatte sich bei Zeiten aus Rom entfernt, um nicht selbst die Execution gegen die von ihm verführten Bundesgenossen vornehmen zu müssen[1]. Seinem Collegen war es zwar gelungen, die Rebellion rasch niederzuwerfen und fürchterliche Strafe an der abtrünnigen Stadt zu nehmen, aber die Gährung dauerte fort, da nun die ganze demokratische Partei in Rom der Begünstigung dieser hochverräterischen Bewegung bezichtigt wurde. Gajus selbst schien aus der Ferne die Fäden zu ziehen[2]. Man erwartete jeden Augenblick seine Ankunft und mit ihm das Chaos. Vor acht Jahren war das rebellische Auftreten seines Bruders durch gräuliche Prodigien (darunter eine Zwittergeburt) verkündet worden und bedeutsame Omina hatten den Tag seiner Ermordung eingeleitet[3]. Dies schien sich nun im J. 125 zu wiederholen. Auf den Bäumen war Korn

---

[1] Appian I 34 Φούλβιος Φλάκκος ὑπατεύων μάλιστα δὴ πρῶτος ὅδε ἐς τὸ φανερώτατον ἠρέθιζε τοὺς Ἰταλιώτας ἐπιθυμεῖν τῆς Ῥωμαίων πολιτείας. Vgl. Val. Max. IV 5, 1.

[2] Plutarch C. Gracchus c. 3.

[3] Livius bei Iulius Obs. 27 (86), p. 119, 20 Jahn: *Tiberius Gracchus * * legibus ferendis occisus. proditum est memoriae Tib. Gracchum quo die periit tristia neglexisse omina, cum domi et in Capitolio sacrificanti dira portenderentur . . . in lacu Romano (?) lacte rivi manarunt. Lunae terra quattuor iugerum spatio in profundum abiit . . . Ardeae*

gewachsen, wie die Chronik schaudernd berichtet[1], in Veii hatte es Oel und Milch geregnet, ein Steinregen war in Arpi gefallen, in Kyrene hatte ein Heuschreckenfrass mit nachfolgender Pestilenz fürchterliche Verheerungen angerichtet, in Rom selbst hatte sich wieder wie vor acht Jahren der Uhu hören lassen[2]. Leider ist die Reihe der Prodigien im Auszuge des Obsequens lückenhaft[3], sonst würden wir wol auch wieder dem *androgynus* begegnen, den Phlegon für das Jahr 125 bezeugt. Vergegenwärtigen wir uns die Aufregung jener Zeit, so kann es nicht auffallend erscheinen, dass der Senat zur Beruhigung der guten Bürger wie zur Warnung der schlechten die sibyllinischen Sprüche promulgiren liess, natürlich zunächst in Uebersetzung. Doch wird wenigstens im Senate auch das Original schon der Controle wegen circulirt haben[4]. Auf diesem Wege also konnten die Sprüche ohne Indiscretion den Weg in die Senatsacten und die

---

terra pluit . . . in agro Ferentino androgynus natus et in flumen deiectus. virgines ter novenae canentes urbem lustraverunt.

[1] Livius bei Iul. Obs. 30 (90), p. 121, 18 Jahn: *M. Plautio M. Fulvio coss.* [629/125] *in arboribus fruges natae sunt. oleo et lacte in Veiente pluit. bubo in Capitolio visus. Arpis lapideus imber triduo * * apparuit locustarum ingenti agmine in Africa quae a vento in mare deiectae fluctibusque eiectae odore intolerabili Cyrenis . . . pestilentiam fecerunt pecori hominumque DCCC milia consumpta tabe proditum est.*

[2] Die Periocha 60 des Livius notirt nur die Pestilenz und den Heuschreckenfrass in Africa.

[3] Vor *apparuit locustarum ingenti agmine* ist wie es scheint eine oder mehrere Zeilen ausgefallen.

[4] Vgl. über die Doppelsprachigkeit der Senatsconsulte Mommsen R. Staatsr. III 1006 f.

Annalen finden. Dass es für den Liebhaber von derlei frommen Raritäten auch andere, vielleicht gangbarere Wege gab, einzelne Sibyllina abschriftlich zu erhalten, soll nicht in Abrede gestellt werden.

II.

Die Mirakel, die Phlegon in seinem Wunderbuche erzählt und mit ausführlich mitgeteilten Orakelsprüchen ausstattet, sind zum Teil so bedenklicher Art, dass ihm hierfür nur die unverschämteste Schwindelliteratur zu Gebote gestanden haben kann[1]. Aber Phlegon ist darin völlig kritik- und ahnungslos. Neben den elendesten Erfindungen überrascht doch auch wieder ein so capitales Stück, wie die Liste der alten Leute (Macrob. 1—4), die grösstenteils aus einer Vespasianischen Censusliste der achten italischen Region zusammengestellt ist[2], und auch vieles andere in diesem Wunderbuche trägt einen durchaus urkundlichen Charakter an sich, namentlich wo genaue Orts- und Zeitangaben zugefügt sind. Daher ist es nicht richtig, bei der jedes sensationellen Aufputzes entbehrenden Prodigienerzählung aus dem Jahre 125 von vornherein Zweifel an der Urkundlichkeit zu erheben; man wird sich vielmehr fragen müssen, auf welchem Wege jenes wertvolle Actenstück in das Buch Phlegons gelangt sein kann. Die lateinischen Annalisten, welche

---

[1] S. Rohde Rh. Mus. XXXII 328ff.

[2] Diese Liste ist auch bei Plinius N. H. VII, 49, 162. 163 benutzt. S. Mommsen R. Staatsr. II[3] 370[3].

die Gracchische Zeit berühren, sind von vornherein ausgeschlossen, da es nicht wol denkbar ist, dass sie 70 griechische Verse im Originale mitteilten. Eher könnte man an Varro denken, der ja an solchen Antiquitäten besonderen Geschmack findet und in der That auch griechische Orakel seinen religionsgeschichtlichen Betrachtungen eingefügt hat. Vgl. Varro bei Macrob. Sat. I 7, 28, Lact. Inst. II 21, 6 und bei Dionys. Ant. I 19, 3 (Steph. Byz. Ἀβοριγῖνες). Aber dem Griechen Phlegon liegt eine griechische Vorlage näher und die ganze Einführung lässt mehr auf eine rein historische Quelle schliessen. Ich glaube, dass man schwerlich einen passenderen Gewährsmann für diese Art deisidämonischer Geschichtsklitterung ausfindig machen kann als den Stoiker Poseidonios. In seinen Ἱστορίαι τῶν μετὰ Πολύβιον, welche nach alter guter Sitte den Faden des berühmten Vorgängers aufnahmen, hat er die Eigenart seiner philosophischen Secte nicht verleugnet[1], weder in dem superstitiösen Inhalte noch in der Freude am schmückenden Citate, welche Chrysipp der Stoa vermacht hatte. So prunkt Poseidonios nicht nur in den von Galen (de placitis Hippocr. et Platonis) erhaltenen Bruchstücken seiner philosophischen Aufsätze, sondern auch in den Ἱστορίαι mit langen Dichtercitaten z. B. in Müllers F. H. G. III fr. 28. 40. 41. 46. Man wird erstaunt fragen, womit denn Poseidonios fünf Bücher Περὶ μαντικῆς angefüllt haben

[1] Athen. 151 E Ποσειδώνιος δ' ἀπὸ τῆς Στοᾶς ἐν ταῖς Ἱστορίαις αἷς συνέθηκεν οὐκ ἀλλοτρίως ἧς προῄρητο φιλοσοφίας, πολλὰ παρὰ πολλοῖς ἔθιμα καὶ νόμιμα ἀναγράφων.

könne. Ein Blick in Ciceros Bücher De divinatione und Plutarchs verwandte Schriften lehrt, dass der sonst so treffliche Philosoph wie Chrysipp mehr mit der Masse der Autoritäten als mit der Schärfe des Urteils das stoische Dogma zu stützen suchte. Man gewinnt den Eindruck, als sollten die bösen Skeptiker in einer wahren Sintflut von frommen Geschichten und Citaten ersäuft werden, so massenhaft werden die wohlbezeugten Wunder und die eingetroffenen Prophezeiungen aus allen Ländern und Litteraturen herangeschleppt[1]. Diese Schwäche seiner Apologetik verleugnet sich auch nicht in seiner Geschichtsschreibung, die sich in dieser Beziehung von der Art seines Vorgängers unangenehm abhebt. Aus den längeren Fragmenten, die Diodor (XXXIV 10) aus seiner Schilderung des sicilischen Sclavenaufstandes (133 v. Chr.) erhalten hat, weht uns ein deisidämonischer Dunst entgegen, der an die Manier der γραοσυλλέκτρια erinnert. Mit grosser Umständlichkeit werden die Opfer beschrieben, die der „fromme Senat" in Sicilien auf Grund eines sibyllinischen Orakels verrichten lässt, und er hebt in einem leider nur fragmentarisch erhaltenen Excerpte Diodors (a. O. c. 9.) mit Genugthuung die Strafe der Götter hervor, welche das Verzehren von heiligen Fischen zur Folge hatte: οὗτοι μὲν οὖν ἀκολούθως τῇ παρὰ θεῶν κολάσει καὶ τῆς διὰ τῆς ἱστορίας βλασφημίας τετευχότες ἀπέλαυσαν τῆς δικαίας

[1] Ein ganzes Nest von Orakeln hat aus jenem Buche Plutarch *de defectu oracul.* c. 11 zusammengestellt. Die Quellenfrage hat richtig beantwortet R. Schmertosch *de Plutarchi sententiarum quae ad divinationem spectant origine*, Lips. 1889, S. 22. Es lässt sich aber noch manches zur Bestätigung zufügen; s. unten S. 102[1].

ἐπιτιμήσεως. Poseidonios, der Freund von Cicero, C. Velleius, L. Aurelius Cotta und Pompeius, hatte natürlich Gelegenheit allerlei wichtiges Material aus der mündlichen und schriftlichen Tradition dieser Kreise zu erhalten. Namentlich darf man an die griechisch geschriebene Geschichte des Rutilius Rufus denken. Dieser Freund des Poseidonios *Panaeti auditor*, *prope perfectus in Stoicis*, der seit seinem im Numantinischen Kriege geführten Militärtribunate an dem öffentlichen Leben teilgenommen und dann seit seiner schmählichen Verbannung (92) in Mytilene und Smyrna lebte, zeigt wenigstens einmal eine Berührung mit Poseidonios (Athen. IV S. 168ᵃ, vgl. XII 543ᵃ). Es hindert nichts anzunehmen, dass Poseidonios, der ja wol erst nach Rutilius Tode seine Geschichte begonnen hatte[1], dessen Ἱστορία ῥωμαϊκή, die für den Griechen so bequem benutzbar war, zu Grunde gelegt hat.

Diese ganze Quellenuntersuchung ist vorläufig rein hypothetischer Art. Sie soll nur die Möglichkeit aufweisen, wie urkundliches, zeitgenössisches Material aus der Gracchenzeit in die Sammlung Phlegons geraten sein kann, vorausgesetzt nemlich, dass jenes Orakel wirklich im J. 125 vorhanden und nicht erst in der Kaiserzeit erdichtet worden ist, wie man bisher anzunehmen geneigt schien.

III.

Emperius, der die Kritik unseres Orakels auf das glücklichste gefördert hat, meint (Opusc. S. 231), es ent-

[1] Nach 74 wie Bauer annimmt, Philologus 47, S. 266.

stamme den zahlreichen sibyllinischen Orakelbüchern, welche schon zu Augustus Zeiten existirten. „Bis zu Hadrian, sagt er, mag noch viel hinzugekommen sein. Auch dieses Orakel ist wahrscheinlich erst zu Hadrians Zeiten angefertigt worden, da die letzten Worte desselben, wenn auch schon verdorben, Beziehungen auf die Zeiten Hadrians durchschimmern lassen.“ Er deutet nämlich S. 234 den vorletzten Vers, wo von einem Trojaner in Verbindung mit Hellas geredet wird, auf den „Halbgriechen“ Hadrian. Aber wie kann das Orakel den Kaiser, der doch nicht der Abstammung nach, sondern nur wegen seines romantischen Philhellenismus als *Graeculus* bezeichnet wird (Aur. Vict. Ep. 14), mit den Worten meinen

Τρῶς δῆτ' ἐκλύσει σε κακῶν ἅμα δ' Ἑλλάδος ἐκ γῆς?

Einen richtigeren Blick hatte R. H. Klausen, der in seinem wunderlichen Buche *Aeneas und die Penaten* nicht nur den Stoff in seltener Fülle gesammelt, sondern auch hier einmal ausnahmsweise der Wahrheit nahe gekommen ist. Er meinte, wie jenes Säcularorakel Phlegons so sei auch dieses grosse Prodigienorakel von einem der griechischen Dolmetscher, die den Decemvirn beigegeben waren, etwa im 3. oder 2. Jahrhundert v. Chr. verfasst. Er hebt ganz richtig hervor, dass wir erstens hier die akrostichische Form angewandt finden, die wir als Kennzeichen der alten sibyllinischen Orakel betrachten müssen, dass ferner ein sacrales Verständnis hervortritt, wie es nur innerhalb der mit diesen Procurationen betrauten Behörde vorausgesetzt werden könne. So sehr das Einzelne in seinen Ausführungen mangelhaft und schrullenhaft[1], so sehr die Vergleichung mit dem Säcularorakel verfehlt ist, das einen ganz anderen Stil zeigt, so hat er doch den Weg gewiesen, auf dem ein volleres Verständnis des Gedichtes erschlossen, eine richtigere Bestimmung seiner Herkunft gegeben werden kann.

IV.

Dionysios erzählt in einem seiner zahlreichen Auszüge aus Varros Büchern *Rerum divinarum* (Arch. IV 62, 6), man habe die sibyllinische Sammlung nach dem Brande des Capitols (83 v. Chr.) wieder hergestellt aus officiellen Abschriften der Orakelsammlungen von Erythrai (der Mutterstadt der Sibylle) und einigen italischen Städten. Auch seien einige Abschriften von Privaten geliefert worden, wobei die Interpolationen mit Hilfe der sogenannten ἀκροστιχίδες entdeckt worden seien[2]. Genaueres teilt uns hierüber Cicero mit, vielleicht aus eigner Kenntnis, wahrscheinlicher aber aus den kurz vorher publicirten *Antiquitates* seines litterarischen Freundes, die,

[1] Die Akrostichis besteht nach seiner Auffassung aus einem Hexameter und zwei Hälften davor und dahinter: οἱ ῥ' αν οπισθ'
σ λ τ
δμα φυπας Εις τοπον ελθ' ιππωι αγαλημενος παλιν αυχον Εις ἐν ὁν ἥξει αυτα. So wörtlich I 267, 409 ppp, was ich hersetze, um begreiflich zu machen, dass dieser Versuch nicht sonderlich zur Nachfolge reizen konnte. Er selbst hat nichts damit anzufangen verstanden.

[2] ἐν οἷς εὑρίσκονται τινες ἐμπεποιημένοι τοῖς Σιβυλλείοις, ἐλέγχονται δὲ ταῖς καλουμέναις ἀκροστιχίσι. Lorenz' (Epicharmos S. 67) Misverständnis, die Akrostichis sei das Kennzeichen der unächten, nicht der ächten Orakel gewesen, berichtigt die Cicerostelle.

wie er selbst bald darauf schön sagt, die zu Fremdlingen in der eigenen Stadt gewordenen Römer wieder heimisch gemacht haben[1]. Die Verse der Sibylle, sagt er de divin. II 54, 111. 112, sind kein Erzeugnis göttlicher Begeisterung, sondern berechnenden Verstandes: *non esse autem illud carmen*[2] *furentis cum ipsum poema declarat (est enim magis artis et diligentiae quam incitationis et motus), tum vero ea quae acrostichis dicitur, cum deinceps ex primis ⟨cuiusque⟩ versus litteris aliquid conectitur, ut in quibusdam Ennianis Q. ENNIVS FECIT, id certe magis est attenti animi quam furentis. Atque in Sibyllinis ex primo versu cuiusque sententiae primis litteris illius sententiae carmen omne praetexitur. hoc scriptoris est, non furentis, adhibentis diligentiam, non insani.* Die Beschreibung der eigentümlich verzwickten Akrostichenkunst in den Sibyllinen könnte deutlicher sein. Aber man versteht doch, was gemeint ist. Während die Akrostichis des Ennianischen Gedichtes den Namen des Dichters durch die Initialen einer Folge von Versen ausdrückte, bildet in den Sibyllinen der erste Vers jedes Orakelspruches *(cuiusque sententiae)* den Saum, der vermittelst der Initialen den ganzen Spruch einfasst[3]. Bei einigem Nachdenken erkennt man leicht,

---

[1] Acad. post I 3, 9 *Nos, inquit, in nostra urbe peregrinantes errantesque tamquam hospites tui libri quasi domum deduxerunt, ut possemus aliquando qui et ubi essemus agnoscere* u. s. w. (S. Mirsch, *de Varronis Antiqu. libr* Lips. 1882 S. 18)

[2] d. h. Orakel vgl. Liv. I 45, 5. XXIII 11, 4.

[3] Richtig hat diese vielgequälte Stelle, soviel ich sehe, nur Hertzberg gefasst in seiner Recension des Klausen'schen Buches (Hallische Jahrb. IV 1841 S. 194). Nur irrt er, wenn er sich den Anfangsvers in den Initialen des ganzen Gedichtes stets da

dass nur ein solcher Geheimschlüssel vollständige Sicherheit gegen Zusätze und Auslassungen bot. Der Anfang des Gedichtes gab der Aufsichtsbehörde sofort das Mittel an die Hand, die Vollständigkeit des ganzen Orakels zu prüfen. Aber darin ist Cicero offenbar ungenügend unterrichtet, dass er sich nur den ersten Vers eines Spruches zur Akrostichis verwendet denkt. Ein griechischer Hexameter liefert höchstens 50 Buchstaben; mithin konnte der Anfangsvers nur für etwa 50 Verse ausreichen, was wol in vielen Fällen genügen mochte, und Cicero (oder seine Quelle Varro) hatte ein solches Muster vor Augen. Aber es musste doch auch längere Orakel geben, deren weitläuftige Procurationsvorschriften sich nicht in so engem Umfange mitteilen liessen. Da war es geboten, wenn man nicht den ersten Vers beständig wiederholen wollte, was doch diesen Akrostichenkünstlern ein Armutszeugnis ausstellen würde[1], auch die nächstfolgenden Verse zuzuziehen. Man musste nur dafür sorgen, dass der neu beginnende Vers nicht mit einem Sinnabschnitt einsetzte, was eine unbemerkbare Lostrennung der zweiten Reihe gestattet hätte, sondern dass er

---

capo wiederholt dachte, wozu allerdings Ciceros Darstellung führen musste. Am weitesten und wunderlichsten hatte sich Klausen I 255 verirrt (der wol durch die an das Bibelaufschlagen der Herrnhuter erinnernde Auffassung Niebuhrs R. G. I 561 verleitet worden war), obgleich er doch durch die von ihm selbst entdeckten Spuren der Akrostichis auf die richtige Bahn hätte gelangen können.

[1] Auch hätte ja dann möglicherweise eine Umstellung der Gruppen stattfinden können. Der Fall, dass die Verszahl des Orakels kleiner war als die Buchstabenzahl des ersten Verses, wird wol auch vorgekommen sein.

mit dem Vorhergehenden fest verzahnt war (s. S. 124, 67). Möglich wäre es übrigens, dass Cicero in jenen Worten nur kurz das Princip der Sache deutlich machen wollte, wozu ja seine Erklärung notdürftig ausreicht.

Eine bessere Vorstellung dieser sibyllinischen Geheimkunst gibt uns das bei Phlegon erhaltene Orakel. Denn von V. 30—70 (s. unsern Text) läuft eine ununterbrochene Akrostichis, die (wenn man die Initialen zweier ausgefallener Verse ergänzt) sich zu einem vollständigen und einem unvollständigen Hexameter zusammenschliesst[1]:

Ἵππῳ ἀγαλλόμενος πάλιν αὖ ⟨κα⟩κὸν εἰς νέον ἥξει,
Αὐτὰρ . . . .

Man sieht, hier taucht eine allgemeine Sentenz auf, deren Vervollständigung nicht schwer fallen kann, da das erste Wort durch die Akrostichis teilweise gegeben, Form und Inhalt durch das homerische Vorbild[1] und die Analogie des andern Orakels nahe gelegt ist. „Mannigfach droht das Unheil: wer dem einen entronnen auf stolzem Rosse heimgekehrt ist, wird bald wieder in neues Unglück geraten. Aber auch dann weiss die Sibylle Rat.“ Also etwa so im Sibyllentone:

⟨Οἷα πάθη Μοίρας, τὰ μὲν αἴ κε τις ἔλθῃ ἀλύξας⟩
Ἵππῳ ἀγαλλόμενος, πάλιν αὖ ⟨κα⟩κὸν εἰς νέον ἥξει·
Αὐτὰρ ⟨καὶ τότε οἱ λύσις ἔσσεται, αἴ κε πίθηται⟩.

Man wird nun mit Ueberraschung bemerken, dass der

---

[1] M 114 von Asios: νήπιος οὐδ' ἄρ' ἔμελλε κακὰς ὑπὸ κῆρας ἀλύξας ἵπποισιν καὶ ὄχεσφιν ἀγαλλόμενος παρὰ νηῶν ἂψ ἀπονοστήσειν κτλ. Der Anfang Οἷα — Μοίρας wie V. 1 (s. S. 31), τὰ μὲν wie V. 8 (Gegensatz νέον).

Inhalt der Sentenz, namentlich auch der völlig gesicherte mittlere Kern, gewissermaassen das Thema anschlägt, das in dem Orakel selbst des Breitesten ausgeführt ist: so viel Kunstgefühl steckt selbst noch in dem entartetsten Nachklange griechischer Poesie. Die cumanische Sibylle (denn als solche gibt sie sich V. 54 zu erkennen) verkündet zuerst die Weise der Sühnung und verlangt auch für die Folge, um die Wiederholung des Unheils zu verhüten, fortgesetzte Opfer zu Gunsten der Gottheit (V. 30—56). Trotzdem aber, so weissagt sie, wird in ferner Zeit, und zwar dann zum letztenmale, die Plage wiederkehren, für die dann auch wieder die Lösung in Aussicht gestellt wird.

Steht nun auch der ermittelte Inhalt der Akrostichisverse mit sich und dem dadurch eingefassten Gedichte (V. 30—70) wol im Einklange, so ist es doch unmöglich irgend eine Beziehung zu den vorhergehenden Versen 1—29 zu finden, welche als erster Teil des Orakels gelten. Denn hier findet sich eine ganz andere Akrostichis, die zwar mehrfach durch ausgefallene Verse durchlöchert ist, die aber, soweit man erkennen kann, in keiner Weise mit jener zweiten Initialenreihe in Verbindung zu bringen ist. Und könnte auch divinatorischer Scharfsinn die erhaltene Buchstabenfolge so ummodeln und ergänzen, dass der gebildete Vers einen Anschluss an das Motto ἵππῳ ἀγαλλόμενος gestattete, so müsste doch diese so gewonnene Sentenz den Anfang des ganzen Orakels darstellen. Denken wir uns nun einmal diese wie immer reconstruirten Anfangsverse an der Spitze des Ganzen:

. . . .
῞Ιππῳ ἀγαλλόμενος πάλιν αὖ κακὸν εἰς νέον ἥξει
Αὐτὰρ . . . .
῞Οσσα τέρα καὶ ὅσσα παθήματα δαίμονος αἴσης,
Ἱστὸς ἐμὸς λύσει, τάδ' ἐνὶ φρεσὶν αἴ κε νοήσῃς
Ῥώμῃ ἐῇ πίσυνος. καί τοί ποτέ φημι γυναῖκα
Ἀνδρόγυνον τέξεσθαι ἔχοντα περ ἄρσενα πάντα
Νηπίαχαί θ' ὅσα θηλύτεραι φαίνουσι γυναῖκες,

wie lässt sich das dem Sinne nach vereinen, wie lässt sich vor allem daraus eine verständliche Akrostichis gewinnen? Der Vers ῞Οσσα u. s. w. ist doch offenbar das Ueberbleibsel einer allgemeinen Sentenz, die aber höchstens einen Vers zu Anfang eingebüsst haben kann. Denn ein oder höchstens zwei Buchstaben gestattet das Metrum der ersten Akrostichisreihe zur Vervollständigung. Wahrscheinlich ist zu Beginn dieser Reihe .ΟΙΡΑΝ zu ΜΟΙΡΑΝ zu ergänzen, ausgeschlossen aber ist jedenfalls die Möglichkeit, die Verse ῞Ιππῳ u. s. w. mit dem Anfangsgedichte in irgend eine Beziehung zu bringen. Daraus ergiebt sich der zwingende Schluss, dass uns hier zwei verschiedene sibyllinische Orakel überliefert sind: das erste umfasst V. 1—29, das zweite 30—70[1]. Der Inhalt bestätigt, wie sich weiter unten ergeben wird, dies Ergebnis auf das beste, indem jedes der beiden Orakel seine besondere allgemeine Einleitung und seine besondere politische Spitze enthält.

[1] Aus der Bezeichnung Phlegons χρησμοὺς καὶ ἐξηγήσαντο τοὺς χρησμούς konnte man die Mehrzahl der Orakel nicht erschliessen, da er offenbar unter χρησμοὶ die einzelnen Verse versteht. Vgl. S. 91, 24 εἰσὶν δὲ οἱ χρησμοὶ οἵδε dagegen ἐν τῷ χρησμῷ Z. 17 von demselben Orakel.

Leider ist die Herstellung der Akrostichis des ersten Teiles, wie schon bemerkt, durch Lückenhaftigkeit des Textes sehr erschwert:

. ΟΙΡΑΝΟΠΙΣΘΟΜΑ . . . ΦΥΠΑΣΕΙΣΤΟΠΟΝΕΛΘ . . .

Man erkennt Anfang und Schluss des Verses und sieht für die Mitte die Grenzen durch das Metrum abgesteckt. Aber der Vers soll nicht nur ergänzt, er soll auch mit dem überlieferten Anfange V. 1ff. zu einem allgemeinen Gedanken vereinigt werden, der auf die Weissagung Bezug habe. Die Sibylle hat uns durch ihre sonstigen dichterischen Leistungen so wenig verwöhnt, dass das Wunderliche und Vertrackte fast als der echte Ausdruck der Prophetenstimmung erscheint; so wird der schüchterne Versuch der Vervollständigung, der hier vorgelegt wird, nicht nach dem Massstabe classischer Kunst beurteilt werden dürfen:

Μ⟩οῖραν ὀπισθομαθ⟨ῶν, τίν' ἔ⟩φυ πᾶς εἰς τόπον ἐλθ⟨εῖν⟩,
Ὅσσα τέρα καὶ ὅσσα παθήματα δαίμονος Αἴσης,
Ἱστὸς ἐμὸς λύσει.

„Das Geschick der Sterblichen, die erst hinterher erfahren, wohin zu gelangen ihnen beschieden ist[1]: alle Wunderzeichen und Plagen, die das göttliche Schicksal über sie verhängt, wird mein Webstuhl lösen.“ ὀπισθομαθεῖς heissen die Sterblichen mit einem neuen nach

---

[1] Die Construction wie bei Aristoteles de caelo B 14. 296b 34 εἰς ὃ γὰρ τὸ μόριον πέφυκε φέρεσθαι, καὶ τὸ ὅλον ἐνταῦθα πέφυκεν. Der Ausdruck τίν' εἰς τόπον ist unsäglich prosaisch, aber niedrige Plattheit neben dunkler Gespreiztheit ist der Character dieser, wie aller solcher Poesie.

Analogie von ὀψιμαθής gebildeten Worte[1] im Gegensatze zur Sibylle, die das Schicksal vorher kennt und kündet. τέρας ist bekanntlich der fachmännische Ausdruck für Misgeburt[2].

Der Beginn des Spruches steht also auch hier im Einklang mit dem Inhalte des folgenden Orakels, welches V. 4 noch besonders das τέρας des ἀνδρόγυνος erwähnt. Wenn man nun diese so vervollständigte Akrostichis mit der des zweiten Orakels vergleicht, so sieht man, dass ganz dieselbe Regel hier wie dort beobachtet ist. Man kann aber auch mit ziemlicher Sicherheit behaupten, dass beide Orakel aus derselben Fabrik stammen. Denn die saure Arbeit der Akrostichis ist in beiden durch recht ungeschickte Formelhaftigkeit der Versanfänge erleichtert[3], προφρονέως bildet den Anfang zweimal im ersten (V. 7 24) und ebenso zweimal im zweiten Orakel (32 46). Das O wird im ersten Orakel durch ὅσσα (V. 1) ὅττι (11), ὅσσαι (23), im zweiten ebenso durch ὅσσοι (40), ὅστις (44), ὅς κε (61) gebildet, für I stellt sich in der Regel passend und unpassend ἱστός ein, im ersten Orakel V. 2. 8. 20, im zweiten V. 30. 34, für Σ steht kein an-

[1] Aehnlich gebildet ist ὀπισθοβαρής in der schwülstigen Inschrift des Antiochos vom Nemruddagh (Puchstein, Sitzungsber. d. Berliner Akad. 1883, 52, 28) τὸ μὲν γὰρ ὅσιον ἅπαν κοῦφον ἔργον, τῆς δὲ ἀσεβείας ὀπισθοβαρεῖς ἀνάγκαι. Aehnlicher Stilbestrebung verdanken wir in unserem Orakel die ungeschickte Neubildung ἀπιστόφιλος (V. 41) statt ἄπιστος, wofür V. 43 νήπιστος geneuert wird.

[2] Aristoteles d. gen. an. Δ 3. 767b 5ff. u. O. Aetius Plac. phil. V 8 (Doxogr. 420, 19).

[3] Aehnlich hat sich der h. Bonifatius in seinen Aenigmata geholfen. S. Ebert Gesch. der christl.-lat. Lit. S. 411.

deres Wort zu Diensten als σεμνός, im ersten Orakel V. 9. 18. 21, im zweiten V. 45. 58. Auch sonstige lexikalische, metrische, syntaktische Eigentümlichkeiten finden sich übereinstimmend in beiden Orakeln, ja sogar Wiederholungen derselben Formeln[1], so dass man an der Identität des Verfassers gar nicht zweifeln kann.

Es ist nicht unglaublich, dass diese akrostichische Geheimkunst in der Orakellitteratur zuerst zur Anwendung gekommen ist. Denn hier lag allerdings ein dringendes Interesse vor, die schicksalsschweren Bücher vor jeder späteren Entstellung zu schützen. Die Orakel, die ja selbst der Ausfluss priesterlicher Willkür und in den meisten Fällen priesterliche Fälschung sind, wurden schon erstaunlich früh weiterer Fälschung unterzogen. Lasos von Hermione hatte den Onomakritos dabei entlarvt[2]. Die Verfertiger derartiger Sprüche werden daher bald darauf verfallen sein, durch ein Geheimnis die Aechtheit und Vollständigkeit ihrer Erzeugnisse zu garantiren. Wenn daher die alten Orakel der cumanischen Sibylle nach römischer Auffassung dieses Siegel der Aechtheit trugen, so müsste man annehmen, dass bereits zu Zeiten des Tarquinius, wohin die Legende die Erwerbung der Schicksalssprüche verlegt, akrostichische Orakel nach Rom gekommen und auf dem Capitol aufbewahrt worden seien. Ich will noch nicht auf die Kritik

[1] z. B. αἴ κε πίθηαι (V. 8) = αἴ κε νοήσῃς (V. 2 vgl. V. 57), beidemale gleich ungeschickt, Δήμητρι καὶ ἁγνῇ Περσεφονείῃ (V. 7 = V. 9 u. 35.

[2] Herodot VII 6. Lobeck Aglaoph. 334.

der Legende eingehen; ich stelle hier nur fest, dass sich akrostichische Verse mit Sicherheit erst im Beginne der alexandrinischen Epoche nachweisen lassen, und zwar als Mittel gefälschte Schriften mit dem Stempel der Authentie zu versehen oder um Leichtgläubige zu mystificiren[1]. Später ist das Kunststück auch einfach zur Bezeichnung des wirklichen Verfassers angewandt worden. Das älteste Beispiel erhaltener ἀκροστιχίς ist wol die in Aegypten 193/190 verfasste Εὐδόξου τέχνη. Wichtig geworden für die Autorschaft anonymer Werke sind die Akrostichen des Dionysios Kalliphons Sohn (Lehrs Rhein. Mus. N. F. II 354) und des Alexandriners Dionysios[2]. In der Epigrammenlitteratur ist natürlich dieser ächt alexandrinische

---

[1] Laert. Diog. VIII 78 vgl. Ath. XIV 648 (Epicharm vgl. Hermes XXIII 281. Wilamowitz Eur. Her. I 29[54] hat mich nicht davon überzeugt, dass jene Pseudepicharmische Sammlung bereits dem 5. Jahrh. vorgelegen habe. Dass Euripides den echten Epicharm nicht habe citiren können, ist ein πρῶτον ψεῦδος). Ferner Laert. V 93. Dionysios Metathemenos verfasste einen Parthenopaios unter dem Namen des Sophokles (s. Nauck Fr. Trag.² S. 839), um den Pontiker Herakleides zu mystificiren. Dieser ging wirklich ins Garn und Dionysios wies ihm nun höhnend, was in der Akrostichis stand, Πάγκαλος (Name von Dionysios' Liebling) und die Spottverse:

Γέρων πίθηκος οὐχ ἁλίσκεται πάγῃ·
ἁλίσκεται μέν, μετὰ χρόνον δ' ἁλίσκεται...
⟨ὁ δ'⟩ Ἡρακλείδης γράμματ' οὐκ ἐπίσταται.

Man sieht, diese Akrostichis ist nach demselben Princip gebaut wie die der Sibyllinen.

[2] ἐμὴ Διονυσίου τῶν ἐντὸς Φάρου (Vgl. Leue Philol. XLII S. 176), wo ἐστὶν ἡ βίβλος oder ἡ τέχνη zu ergänzen ist, wie Θεοδώρηος ἡ τέχνη (Lehrs a. O.). Die neueren Vorschläge von C. Wachsmuth (Rhein. Mus. XLIV 151) und Nauck (Hermes XXIV 325) über zeugen mich nicht.

Sport mit Eifer gepflegt worden[1]. Besonders kunstreich hat sich unter Augustus ein Sohn des Areios Didymos, namens Κατίλιος ὁ καὶ Νικάνωρ in Philae verewigt (Haupt Opp. III 490. Kaibel 979). Selbst in Prosa ist es möglich gewesen, diese Künstelei anzubringen, wie das Beispiel des Philostorgios beweist, der den Anfang seiner zwölf Bücher Kirchengeschichte mit den zwölf Buchstaben seines Namens verziert hat.

Bei den Römern hat Ennius, wie erwähnt, die Kunst der Akrostichis mit der Kunst des Epigramms aus der alexandrinischen Poesie entlehnt. Der nächste ist Aurelius Opilius, der seinem schon im Titel alexandrinisch anmutenden *Pinax* den eigenen Namen zierlich eingefügt hat (Ritschl Parerga S. XVI). Ihm folgt um die Mitte des ersten nachchr. Jahrhunderts der Verfasser der Ilias latina, der mit schulmeisterlichem Stolz sein *Italicus scripsit* am Anfang und Ende der Homerübersetzung angebracht hat[2]. Besondere Virtuosen sind auf diesem Gebiete Com-

---

[1] Kaibel Epigrammata 725. 726. 1096. 149 (S. Nauck Mél. gr. III 277). 266 (S. Gomperz Z. f. öst. Gymn. 1878 S. 433). Zwei ABC-Hymnen finden sich Anthol. IX 524 und 525. Ueber Alphabetarien und Akrosticha in des Constantinus Porph. Caerim. s. H. Wäschke, Festschr. z. Begr. der Philologenvers. zu Dessau, Zerbst 1884 S. 14. Ein „orphisches" Gedicht scheint auch mit einer solchen Zier versehen gewesen zu sein. In dem Zauberpapyrus W bei Leemans Pap. Graeci Lugd. Bat. 1885 t. II p. 153 (p. 21[a], 21) heisst es ὡς ὁ θεολόγος Ὀρφεὺς παρέδωκεν διὰ τῆς παραστιχίδος τῆς ἰδίας. Es folgen sinnlose Ausrufe.

[2] S. Bücheler Rh. Mus. XXXV 391. Verres *de Tib. Silii Italici Punicis* Monast. 1888, 1 sqq. Am Ende des ersten Buches scheint noch einmal ITALICI zu stehen, wenn man 109 *Ac* statt *Et* liest und danach, wo die Ueberlieferung anerkanntermassen

modian[1] und Optatian und noch die karolingische Litteratur erfreut sich des akrostichischen Aberwitzes.

In der Orakellitteratur selbst ist diese Kunst merkwürdig selten. Abgesehen von den christlichen Sibyllinen, die Ἰησοῦς Χρειστὸς θεοῦ υἱὸς σωτήρ darstellen (Orac. Sib. VIII 217, vgl. Augustin d. civ. d. XVIII 23) und abgesehen von einem Gedicht des Germanos[2] auf Julian, das fälschlich als Orakel gilt, kenne ich nur ein (delphisches?) Orakel, wo mir die Parastichis Ἑκάταο nicht auf Zufall zu beruhen scheint[3].

verwirrt ist, einen Vers (= Hom. A 603. 604) ausgefallen sein lässt wie etwa *Laurifer et Phoebus Musis cantantibus astat.*

[1] S. L. Müller De re metr. S. 461 und Comte Revue de philologie XI 45. Anderes s. Ebert, Gesch. d. christl. lat. Lit. S. 411. 569. 582. 592. 613. Teuffel Gesch. d. röm. Litt. § 26, 6. Gardthausen Griech. Paläogr. S. 122 ff. Der Freundlichkeit Adolf Toblers verdanke ich einige romanische Beispiele. Der Roman Cleomades des Adenez li Rois (herausg. von van Harselt) gibt in V. 18, 531—18 569 den Namen seiner Geliebten in Akrostichis, ebenso sind in dem Roman De la Poire (13. Jahrh. herausg. v. Stehlich 1881) 16 lyrische Stücke eingeschaltet, deren Anfänge ANNES TIBAUT AMORS die Namen der Geliebten, des Dichters und des Liebesgottes ergeben. S. Tobler *Literaturbl. f. germ. u. röm. Phil.* 1881, 439. Der Verfasser einer um 1530 gedruckten französischen Grammatik für Engländer gibt seinen Namen GILES DV VVES in einem Akrostichon, das sein Werkchen einleitet, abgedr. in *L'Eclaircissement de la langue française par Jean Palsgrave suivi de la Grammaire de Giles du Wes publ. p. F. Génin.* Paris 1852 *(Coll. de Doc. inédits sur l'histoire de France).* Ueber ein Akrostichon des Pierre-Robert Olivétan vor seiner Waldenserbibel, Serrières 1535, s. Berger Romania XVIII (1889) 387. Das romanische Hauptakrostichon bietet Boccaccio. Die Anfangsbuchstaben der ersten Zeilen der gesammten Terzinen in seiner *Amorosa Visione* geben zwei *Sonetti codati* und ein *sonetto doppio codato*, welche die Widmung des Werkes an die Geliebte des Dichters enthalten.

[2] S. Nauck a. O. Sternbach Meletemata gr. S. 18.

[3] Euseb. P. E. V 28 aus Oinomaos. Näheres erfahren wir

Dass dieses Material nun ausreiche, um über das Alter der römischen Sibyllensprüche ein entschiedenes Urteil zu fällen, wird niemand behaupten wollen. Aber es mahnt zur Vorsicht, mit dem Zeitansatze unserer römischen Sibyllen-Orakel, dem wir nun näher treten wollen, allzu hoch hinaufzugehen. Zur Bestimmung zeitloser Urkunden können verschiedene Wege eingeschlagen werden; mir scheint hier wie überall der erste und sicherste Ausgangspunkt der Inhalt zu sein.

V.

Die beiden Orakel sind angefüllt mit der genauen Anweisung der Sühnopfer und Sühnceremonien, welche die kundige Seherin dem Volke anrät. Alle diese Opfer und Ceremonien sind nachweislich bei den auf sibyllinisches Geheiss angeordneten Procurationen, namentlich auch bei Zwittergeburten, zur Verwendung gekommen. Diese Uebereinstimmung spricht am lautesten gegen die Vorstellung, als hätten gelehrte Antiquare etwa der hadrianischen Zeit diese ganze Orakelpoesie zum Scherze verfertigt; denn im zweiten nachchristlichen Jahrhundert hätte man in gelehrten Kreisen weder die Kenntnis des Rituals noch die nüchterne Unbefangenheit der Darstellung gehabt. Vielmehr weht uns dieselbe Luft altrömischer Superstition aus den Orakeln wie aus den Bruchstücken der alten Annalen entgegen, deren Prodigienverzeichnis Livius mit inniger Freude wiedergibt. Es

nicht darüber. (δίχᾰς V. 2, Μενέλαν V. 4 und die Form Ἑκάταο ist bemerkenswert.)

scheint nützlich diese Uebereinstimmung des Rituals zuerst einmal im allgemeinen festzustellen, ehe eine genauere chronologische Analyse versucht wird.

Das erste Orakel schreibt folgende Procuration des Androgynenfalles vor:

1) Sammlung eines Geldopfers für Demeter (V. 10—12)

2) Opfer von 3×9 Stieren (V. 13)[1]

3) Opfer von weissen Kühen durch 3×9 Jungfrauen und Supplication derselben nach griechischem Ritus zu Ehren der βασίλισσα (V. 13—18)[2]

4) Opfer der Matronen (tägliche Trankopfer)[3] (V. 18—19)

5) Fackelspende an Demeter (V. 20),

Zum zweiten (im wiederholten Falle)

1) Verdreifachung der Trankopfer (an Demeter) durch die Matronen (V. 21—23),

2) Gleiches Opfer für Persephone mit Supplication der Jungfrauen (24—28),

---

[1] Die Gottheit, der das Opfer gebracht werden soll, ist in der Lücke nach V. 13 ausgefallen. Die Stiere weisen auf Zeus hin. Das ist zwar unrömisch (s. Lübbert *Comment. pontif.* S. 85), aber nach dem griechischen Ritus geboten, s. Liv. XXII 10, 7, wo ebenfalls *boves albae* folgen, und vor allem das hinten S. 134 abgedruckte sibyllinische Säcularorakel V. 12 ff.

[2] Gemeint ist *Iuno Regina*. Denn die weisse Farbe passt nicht auf chthonische Gottheiten. Vgl. das erwähnte Säcularorakel V. 13 und Stengel *Quaest. sacrificales*, Berlin 1879, S. 12. Auch folgt im Säcularorakel ebenso auf die ταῦροι πάνλευκοι des Zeus ein Kuhopfer zu Ehren der Hera. Vgl. unser zweites Orakel V. 50 f. 55. 58.

[3] ἔμπεδα ἱερά, vgl. das zweite Orakel V. 55. 58.

3) Sammlung eines Geldopfers (V. 29).

Alle diese Opergebräuche lassen sich in den Procurationsberichten der Stadtchronik im Einzelnen als thatsächlich zur Ausführung gekommen nachweisen. Im J. 217 werden die sibyllinischen Bücher durch die Decemvirn befragt. Ein Hahn hatte sich in eine Henne und umgekehrt verwandelt (Liv. XXII 1, 8). Das Prodigium ist dem Androgynenfall ähnlich; daher auch ähnliche, wenngleich weniger umfangreiche Sühnungen: der Iuno Regina in Aventino werden *hostiae maiores*[1] und ein Geldopfer gereicht, *quantum conferre cuique commodum esset* (νομίσματος ὅττι θέλεις V. 10). Durch wirkliche Zwittergeburten waren die Jahre 209 und 207 beunruhigt (Liv. XXVII 11, 4. 37, 5). Iuno Regina erhält wiederum zwei weisse Kühe, wie in unserem Orakel V. 14, danach werden zwei Standbilder der Göttin geweiht (s. u.), dreimal neun Jungfrauen singen ihr einen Bittgesang (Liv. XXXVII 11ff.). Die heilige Zahl der Jungfrauen kehrt in der Regel bei diesen Procurationen wieder. Sie hängt eng mit dem chthonischen Cultus zusammen, welcher den Hauptbestandteil dieser Sühnungen ausmacht. Denn wie nach dem Glauben der Alten den Toten ein besänftigendes Opfer unter die Erde hinabgesandt werden muss, auf dass sie sich als Gute (*manes*) erweisen, und ihre

[1] Diese Sühnung wird zuerst zu Beginn des hannibalischen Krieges erwähnt (218. Liv. XXI 62, 7. 10). Die Menge der Prodigien und der Umfang der Procuration sind ein untrüglicher Stimmungsmesser. Dadurch erhalten diese albernen Berichte einen gewissen historischen Wert, der um so grösser ist als sie der Geschichtsfälschung ganz entrückt sind.

μῆνις den Lebenden nicht furchtbar werde, so ward auch der Groll der unterirdischen Mächte, in welcher Gestalt sie auch die bange Furcht der scheuen Sterblichen erblicken, mit welchem Namen man sie indigitiren mochte, durch mannigfach abgestufte aber unter sich eng verwandte und leicht deutbare Bräuche versöhnt und die sündenbehaftete Gemeinde gereinigt, auf dass Miswachs, Pestilenz und anderer Schade fern bleibe, oder sobald er sich zeige, verschwinde. Ueberall wo dieser chthonische Dienst erscheint, in welchem sich das religiöse Empfinden des Altertums, namentlich des römischen, am tiefsten ausgesprochen und am reichsten entwickelt hat, überall stellt sich auch die heilige Dreizahl ein [1], am bedeutungsvollsten

[1] Die Geltung der Dreizahl im Totenculte gehört zu den bekannten Dingen. Der Tote wird am 3. Tage beigesetzt (τρίτα), 3 Kleider werden ihm mitgegeben zur Unterwelt, wo er dem dreiköpfigen Kerberos und den 3 Totenrichtern (Triptolemos!), zuletzt der Trias Hades, Demeter, Persephone (oder anders benannt) begegnet. (Die Anordnung der chthonischen Gottheiten in Triaden ist weitverbreitet; vgl. Töpffer *Attische Genealogie* S. 171.) Oben am Grabe findet dreitägige Leichenwacht statt und am 30. Tage oder in Gambreion nach 3 Monaten ist die Trauerzeit beendet. Dreimal wird der Tote gerufen (s. Wilamowitz Eur. Her. II 48), dreimal wird das Arvallied gesungen u. s. w. (s. Lobeck Aglaoph. 387. 740), drei Tiere werden geschlachtet (s. Stengel Jahrb f. cl. Phil. 1886, 377. Hermes XXI 308 f. 312²). Aristoteles würdigt die Bedeutung der Dreizahl nach pythagoreischem Vorgang in der merkwürdigen Einleitung zu de caelo A 1. 268a8, wo er auch den sacralen Gebrauch erwähnt καὶ πρὸς τὰς ἁγιστείας χρώμεθα τῶν θεῶν τῷ ἀριθμῷ τούτῳ. Wie weit die Zahlenspielerei bei den Römern getrieben wurde, beweist die Thatsache, dass i. J. 217 (das Jahr ist zu beachten!) die gewöhnlich für die *ludi Romani* ausgesetzte Summe von 200000 auf 333333⅓ Sestertien erhöht ward; Liv. XXII 10, 7 (vgl. C. I. L. III 6065).

in der Verstärkung der Neunzahl, die ja bei Römern [1] und Umbrern [2], Hellenen [3] und Germanen [4] mit dem Toten- und

[1] Das ganze altrömische Wesen ist davon durchtränkt: *nonae*, *Nundina* und *nundinae* (der ursprüngliche Zusammenhang liegt klar vor in den Nundinen des Februar, dem Totenfeste s. Mommsen Chronol.[2] 244[38]), ferner *novendial*, *novemdiales feriae* (= ἔνατα). Die älteste römische Inschrift ist diesem Culte geweiht (*ze noine*, s. Dressel Annali 1880, 158. Jordan Hermes XVI 239). Hochzeitsritus (vgl. S. 48[2]) *novena lampade* Statius Silv. I, 2, 4. Vgl. auch Usener *Philos. Aufs. Zeller gew.* S. 288 (= *Religionsgesch. Unters.* I 304 ff.)

[2] Bücheler *Umbrica* S. 134.

[3] Des Stoffes ist überwältigend viel (s. Hoeck *Kreta* I 246). Ich erinnere nur an die delphische Ennaeteris und deren Lustration (Usener Rh. Mus. XXX 204), an die Rolle der Neunzahl im Karneenfeste, das ja seinem Ursprunge nach deutlich Sühnfest ist (Demetrius Sceps. b. Ath. IV p. 141 E, Gäde S. 17), an die zur Lustration verwandte Enneakrunos und die Ἐννέα πυλαί (deren chthonische Bedeutung aus dem von Töpffer a. O. S. 171 f. Bemerkten erhellt), an die freilich oft profanirte Geltung der Neun bei Homer z. B. γ 7 f. (vgl. Doxogr. S. 89). Das neue Wort ἐνατεύεται auf einem mykonischen Steine (Athenaion II 237. Dittenberger Sylloge 373, 25) gehört auch hierher.

[4] K. Weinhold stellt mir folgendes freundlichst zur Verfügung: 'Nach Thietmar von Merseburg (I 9) brachten die Dänen in Ledra alle 9 Jahre zur Wintersonnenwende ein grosses Opfer von je 99 Menschen, Rossen, Hunden und Hähnen (Habichen). Ebenso brachten die Schweden nach Adam von Bremen (*hist. eccl. Hamaburg.* IV 27) alle 9 Jahre zu Upsala das grosse Opfer, von jedem lebenden Wesen neun Häupter. Im Schaumburgischen und Niederhessischen wird beim Schluss der Roggenernte der Name *Waul*, *Wôld* (= *Wôden*) neunmal ausgerufen (Rest eines heidnischen Dankgebetes); s. Pfannenschmid *Germanische Erntefeste* Hannover 1878 S. 104, Grimm D. Myth. I[3] 142). Nach heute noch geltendem Brauche wird zu heiligen Feuern neunerlei Holz genommen; neunerlei Kräuter werden zu heiligen Zeiten in Kränze geflochten, oder neunerlei Kräuter gegessen; beim Beginn des Heidelbeerpflückens werden neun Beeren geopfert; am Sylvesterabend wird im Erzgebirge und Voigtlande Getreide in neun Abteilungen auf eine

Lustrationsculte eng verbunden ist. Die sibyllinische Legende selbst hat in der Neun- und Dreizahl der Schicksalsbücher die beiden heiligen Zahlen verknüpft, wie die Verdreifachung auch in Phlegons Orakel V. 22 erscheint. In ausserordentlichen Fällen wird die Drei noch weiter zur 27 gesteigert[1]. Daher erscheint diese allerheiligste Zahl auch beim Eumenidenopfer, das ein Eingeweihter uns schildert (Sophokles Oed. C. 483). Aus dieser Geltung der mystischen Zahl erklärt sich das, wie Thukydides (V 26, 3) bemerkt, ausnahmsweise eingetroffene Orakel, das eine 27jährige Dauer des peloponnesischen Krieges voraussah, nicht minder wie die von den Sehern bei der sicilischen Expedition in Folge einer Mondfinsternis angeordnete Wartezeit von 3×9 Tagen, die für die Athener so verhängnisvoll werden sollte (Thuk. VII 50, 4). Bei

---

Schüssel geschichtet (Wuttke *Volksaberglaube* 2. A. § 329). Fernere Geltung der heiligen Zahl: ein heilkräftiges Kraut heisst 'Neunkraftwurz'; 9 Jahr und 9 Tage als Verjährungsfrist (Grimm Weist. I 46 172); neun glühende Pflugscharen beim Gottesurteil (*Lex Anglorum et Werinorum* ed. Merkel S. 10; v. Richthofen *Altfriesische Rechtsqu.* 35,14. 76,10. 77,14 ff.); neun Walkyrien (II Helgilied); neun Werwölfe (I Helgilied); neun Nicker (Meerungetüme) Beovulf 575; Heimdallr Sohn von neun Müttern (Grimm D. M. I 213). Das Weltgebäude ist nach nordgermanischer Vorstellung in neun Welten (*niú heima*) geteilt; neun Fache des Hauses zählen friesische Rechtsbücher.' — Soweit meine Umschau reicht, spielt die Neun bei den Ostariern und Semiten keine entsprechende Rolle.

[1] Wie sich die ursprüngliche Neun bisweilen dekadisch abrundet (Liv. XXXVII 36), so kommt auch das Dreifache der Zehn gleichbedeutend mit der 27 vor (*triginta ingenuos patrimos et matrimos totidemque virgines* bei Iul. Obsequ. 40 aus Livius). Vgl. die τριακάδες in Athen (τριηκόστια in Iulis), daneben Dauer der Befleckung 10 Tage C. I. A. III 1, 73, 74.

den Römern ist natürlich der Einfluss dieser Zahl auf das öffentliche Leben noch mehr hervorgetreten. Schon die älteste Epoche römischer Geschichte, auf die wir mit dem *trinum nundinum* stossen (Mommsen R. Chronol.[2] 243[35]), steht unter dieser Anschauung, und der sibyllinische Ritus, der ja stets nur in ausserordentlichen Fällen zur Anwendung kommt, verwendet mit Vorliebe die *ter novenae virgines*, die auch in dem Säcularfest Augusts das heilige Lied singen (Zosimus II 5, 4 s. S. 133, 6). Ja der ursprüngliche Sinn der chthonischen Zahl hat sich bis auf den heutigen Tag zu Rom in den 27 Kerzen der Tenebrae erhalten, die Rossmann[1] richtig gedeutet hat. Nur hat er diese Ceremonie nicht ganz zutreffend mit den alten Argei in Verbindung gebracht; denn hier hat zwar die heilige Zahl 27 unzweifelhaft denselben lustralen Sinn, aber sie ist doch dem Argeerfeste nicht ausschliesslich eigen, hat vielmehr hier späteren Ursprung, wenn ich mich über die Entstehung dieses Cultes nicht täusche[2].

[1] *Gastfahrten* Leipz. 1880 S. 56.

[2] Mit Studemund *Die Sacra Argeorum* Philologus XLVIII (N. F. II 1) 168 berühre ich mich nur in der Ansicht, dass die Zahl 27 in der Varronischen Ueberlieferung L. l. V 45 (VII 44) festzuhalten sei, wie übrigens jetzt auch Mommsen annimmt (R. Staatsr. III 125[1]). Seine übrige Darstellung hat mich nicht überzeugt. Zunächst ist doch nach Varros Auszügen das Nächstliegende je 6 Kapellen in den 4 Regionen, also 24 anzunehmen. Das Alter dieser Argeerprocession am 16. und 17. März wird durch die topographische Analyse gesichert (etwa servianische Zeit). Sind es also vor Alters 6 × 4 Kapellen gewesen, so ist die 27 erst später hinzugekommen, als man die Zahl der am Feste des 14. Mai in den Tiber geworfenen Argeer damit verknüpfte. Die späte Entstehung dieses Menschenopfers ergiebt sich aus der Etymologie.

Aus dem Jahre 200 wird in den römischen Fasten der Gräuel einer doppelten Zwittergeburt gemeldet (Liv.

Wilamowitz (bei Mommsen a. O. 123[6]) hat richtig hervorgehoben, dass der Name griechischen Ursprungs ist (Ἀργεῖοι) und bei den Griechen nur in der von Homer abhängigen Poesie synekdochisch für Ἕλληνες eintreten kann. Geht man von diesem Fundament aus, so ist, mein' ich, der Schluss zwingend, dass nur auf dem Wege der griechischen Orakelpoesie, die ja mit epischem Materiale wirtschaftet, die Argei in den römischen Cult und von da (wie *androgynus* und anderes, s. S. 46[3]) in die Sprache übergegangen sein können. Es hat also irgendwann (schwerlich vor dem 3. Jahrh.) einen griechischen, vermutlich sibyllinischen Spruch gegeben, der in schwerer Kriegsnot, als ausserdem Vater Tiber seinen Zorn gezeigt hatte (Stimmung wie bei Horaz *Iam satis*), Sühnung verhiess, wenn 27 Feinde in den Strom gestürzt würden. In der Orakelsprache dieser Zeit heisst der Römer Trojaner, der Nationalfeind Argiver, so im ersten Marcianum (Bährens Fr. poet. rom. S. 294); wie umgekehrt schon früh die den Westen colonisirenden Hellenen in den neuen Feinden Trojaner erblickten (Wilamowitz Eurip. Her. I 282). Im Marcianischen Orakel werden die *Troiugenae* mit dem *alienigena Diomedes* (*Argivigena*, wie Bährens conjicirt, ist überflüssig und sprachwidrig, wenn auch Livius richtig *Argivus* paraphrasirt) in typischen Gegensatz gebracht (s. S. 86). Mochte nun wirklich damals Kriegsnot mit Griechen sein (wie etwa im Tarentinischen oder im ersten punischen Kriege) oder ist Ἀργεῖοι lediglich der typische Ausdruck für Nationalfeinde, in beiden Fällen ist der griechische Name, das griechische Orakel jung, und das später durch Puppen substituirte Menschenopfer der 27 Argei hat ursprünglich nichts zu thun mit den aus der Königszeit stammenden Festen der 24 Kapellen, deren alten Namen das neue, kräftigere Sühnfest griechischen Ursprunges verdrängt hat, gerade so wie die sibyllinisch-etruskischen Säcularspiele im ersten punischen Kriege sich an die Stelle des alten im *terentum* (d. h. an einer *weichen* Stelle des Marsfeldes) gefeierte Sühnfest der *ludi Terentini* getreten sind. Oder wie das alte Sühnfest der chthonischen Bona Dea (euphemistischer Name, wie Faunus, Manes, Eumeniden, Ἀγαθὸς δαίμων und bei andern chthonischen Wesen vgl. Gerhard Abh. d. Berl. Akad. 1847, 448[15]) *Damium* genannt wird d. h. Δάμειον, vgl. Hesych.

XXXI 12, 6). Die heiligen Bücher verordnen dieselben Opfer wie vorher, die 3×9 Jungfrauen singen ihren Hymnus und bringen der Himmelskönigin ein Geschenk (*donum*), wie dies auch früher (217) bereits berichtet war (Liv. XXII, 1, 13). Das Todesjahr des älteren Gracchus war auch durch einen Androgynenfall schlimm gekennzeichnet: der Auszug des Iulius Obsequens (27, 120, 7 Jahn) aus Livius hat hier aus der ganzen Procuration nur das Jungfernlied erwähnenswert gefunden. Ebensowenig teilt er zu dem J. 125, auf welches sich nach Phlegon unser Sibyllenorakel bezieht, die Prodigien und deren Procuration vollständig mit; bei dem Androgynen des J. 119 dagegen erwähnt er wenigstens wieder das Jungfernlied (Jul. Obs. 34, 122, 173); ebenso zum Jahre 117 (c. 36). Während des Cimbernschreckens im Jahre 104 besteht die Sühnung der zahlreichen Wunder darin, dass die 27 Jungfrauen der Ceres und Proserpina Geschenke bringen und ihr Lied singen. Aehnlich wieder

Δάμεια ἑορτὴ παρὰ Ταραντίνοις von Δαμία, Δαμώ (= Δαμάτηρ). Es wäre möglich, dass die evocirte Göttin im Tarentinischen Kriege sich in dieser Weise an die dem Sinne nach gleichbedeutende altlateinische Bona Dea angeschlossen hätte, obgleich *damiatrix* auf ältere Zeit zu weisen scheint. — Der Unterschied des alten und des neuen Argeerritus scheint bei Varro in den *Antiquitates* irgendwie angedeutet gewesen zu sein. Denn ich vermute, dass Dionysios in seinem Excerpte aus diesem Buche (I 38) durch falsches Addiren der 3 neuen Kapellen (27+3 statt 24+3) zu der unerklärlichen Zahl von 30 Argei gekommen ist. Varro teilt hier auch ein griechisches Orakel mit, das mit der Argeern in Verbindung gesetzt wird. Das ist aber offenbar die alberne Fälschung eines Graeculus.

in den Jahren 90[1] und 97 (c. 48). Endlich der letzte Fall, den die Chronik berichtet, ist im J. 92, wo ein doppelter Zwitterfall durch eine Geldsammlung für Ceres und Proserpina und die Litanei der 27 Jungfrauen gesühnt wird[2]. Man erkennt, dass der Excerptor, wie vermutlich auch Livius und seine Quellen selbst, ermüdet. Die Riten sind niemals vollständig und meist sehr dürftig mitgeteilt. Trotzdem sieht man, dass es die Anweisung unseres sibyllinischen Orakels ist, die stets als Grundschema der Procurationen gilt. Der *thesaurus*[3], die

---

[1] Iul. Obs. c 46 (126, 29) *populus stipem, matronae thesaurum et virgines dona Cereri et Proserpinae tulerunt.*

[2] Iul. Obs. c. 53 (129, 3).

[3] Während für und neben *thesaurus* in der Bedeutung Opfergabe lateinische Synonyme vorkommen, namentlich *stips* (Varro de l. l. V 182. Seneca ep. 115, 5), heisst der Opferschatz stehend *thesaurus* (Liv. XXIX 8, 9. 18 4 ff. 19, 7 f. 21, 4. XXXI 12, 1. 3. 13, 1). Das Correlat zu *Proserpinae thesaurus* ist *Orci (Mortis) thesaurus*, übertragen gebraucht bei Naevius und Ennius (s. Preller-Jordan I 63²). Man erkennt daraus das Alter des Brauches und des Wortes. Das Alter des Lehnwortes in Italien ergiebt sich auch aus seiner Reception in die übrigen italischen Sprachen; doch möchte ich nicht mit Mommsen R. G. I⁸ 177 an delphischen Ursprung denken. Delphischer Einfluss ist in Rom wenigstens erst seit dem Hannibalischen Kriege sicher nachweisbar; denn die Brutuslegende (Liv. I 56, 9) und die nicht minder fabelhafte Befragung im Veienterkriege (Liv. V 15 f.) darf man billig bei Seite lassen: das einzige, was an dieser Nachricht thatsächlich sein kann, das Vorhandensein eines irgendwann von Rom gestifteten Kraters in Delphi spricht gegen häufigeren Verkehr. Denn er stand im Thesaurus der Massalioten (Diodor XIV 93, 5), während doch z. B. Caere seit alter Zeit seinen eigenen Thesaurus dort besass (Strabo V 220). Vielmehr lehrte der griechische Cult, der ja allenthalben in Italien frühzeitig eingriff, die Sache und damit auch den Namen kennen. So ist mit den Sibyllinen sicher auch das Wort *androgynus* ein-

hostiae maiores, die *boves albae*, die *virgines ter novenae cantantes*, die *signa cupressea Iunonis* kehren oft, zum Teil stehend wieder. Nicht erwähnt wird in der Annalistik die Fackelspende zu Ehren der Demeter V. 20 λαμπρὸν φάος αἵδε φερόντων, offenbar weil diese Gabe zu unbedeutend erschien. Aber die Thatsache selbst wird bestätigt und erläutert durch das Programm des Augusteischen Säcularfestes Zosim. II 5, 3 (s. S. 132, 18) κατασκευασθείσης δὲ σκηνῆς δίκην θεάτρου φῶτα ἀνάπτεται καὶ πυρά. Die Stelle der Lichter und Fackeln bedarf im Culte der Demeter keines weiteren Commentars. Schon der Demeterhymnus, der die Gebräuche des alten Erdcultes in der irrenden und versöhnten Demeter hypostasirt, weiss die Entstehung des Fackeldienstes sinnig mit der Legende zu verknüpfen V. 47:

ἐννῆμαρ(!) μὲν ἔπειτα κατὰ χθόνα πότνια Δηὼ
στρωφᾶτ' αἰθομένας δαΐδας μετὰ χερσὶν ἔχουσα.

Die Fackel, die am deutlichsten die dem Feuer innewohnende Kraft der Reinigung zu verkörpern schien, die bereit sein musste die suffimenta, dann das Opferfeuer zu entzünden, die nächtliche oder unterirdische Feste, wie sie häufig mit dem chthonischen Dienste verbunden waren, erleuchtete, ist die stete Begleiterin des Sühn-

gebürgert worden. Livius XXVII 11, 4 *ambiguo inter marem ac feminam sexu infantem, quos androgynus volgus, ut pleraque faciliore ad duplicanda verba graeco sermone, appellat.* Später veraltete das Wort und ward durch *hermaphroditus* ersetzt. Plin. VII 34 *gignuntur et utriusque sexus, quos hermaphroditos vocamus, olim androgynos vocatos et in prodigiis habitos.* Rein lateinisch ist *semimas* oder *semivir* s. Luterbacher *Prodigienglaube der Römer* S. 16. Andere griechische Lehnwörter im Cultus, die Jordan durch das Etruskische vermittelt glaubt (schwerlich richtig), s. bei Preller R. Myth.[2] I 143[1].

cultus, in welcher Form er auch erscheinen mag[1]: in den Lustrationen wie im Totendienste ist von jeher Fackel-, Lampen- und Kerzenschimmer herkömmlich. Weihnachten, Lichtmesse, Allerseelenfest sind besonders deutliche Ueberbleibsel der alten Uebung in verschiedener Form[2].

[1] Vgl. Marini *Atti e monumenti de' fratelli Arvali* I 290, Passeri *Lucernae* (Pisauri 1739) I p. XX, Usener *Religionsgesch. Untersuchungen* S. 312 (304). Die Illuminationen des Forums, die seit alters bei den Ludi Romani herkömmlich waren (Lucilius 103 L., Cic. de nat. d. I 22. Verrin. II 1, 54. 141. 22, 58) haben denselben Ursprung. Eigentümlich ist die argivische Sitte, die Paus. II 22, 3 berichtet: ἀφιᾶσι δὲ καὶ νῦν ἔτι ἐς τὸν βόθρον καιομένας λαμπάδας Κόρῃ τῇ Δήμητρος.

[2] Auch die hier zu Lande üblichen Geburtstagskerzen gehören hierher, wie die römische *Candelifera* (Indigitamentengottheit bei Tertull. ad nat. 2, 11): die Geburt, erfordert natürlich nicht minder lustrale Bräuche als Hochzeit und Tod. Vgl. die *Nundina* (Macrob. I 16. 36). Dass auch die Hochzeitsgebräuche wesentlich Lustrationsriten sind, die sich seit uralter Zeit an die Segen spendende Θεσμοφόρος wenden, zeigt eine Vergleichung des griechisch-römischen Rituals; vgl. S. 41[1]; Rossbach *Römische Ehe* 257. Für das Griechische will ich einige Hauptpunkte andeuten, die durch Uebereinstimmung mit den Mysterien- und sonstigen chthonischen Diensten den Zusammenhang ergeben: 1) Zeit: Abend wie bei den ἐναγίσματα, dem Säcularfest, den Totenfesten (Bücheler Umbr. 129, Stengel *gr. Kultusaltert.* S. 101[12]). 2) Reinigungsbad, λουτρόν, λουτροφόρος (Plato Crat. 405 A, Taufe). 3) Weitere Reinigung versinnbildlicht durch die *vannus* (λίκνος). 4) Spruch der Erlösung ἔφυγον κακόν, εὗρον ἄμεινον. 5) Weissdorn (spina, ῥάμνος) als lustral bekannt (Bücheler Umbr. 136). 6) *puer patrimus matrimus* (ἀμφιθαλής). 7) ἔνθρυπτα vgl. Hesych. s. v. λεκανίδες (nach der Verbesserung von Salmasius), Demosth. de cor. 259 und die Lexica s. v. ἔνθρυπτα. 8) Verhüllung des Hauptes, *flammeum*, ἀνακαλυπτήρια. (s. S. 69[2] (70) und meinen Comm. zu Phlegons Orakel V. 65). 9) Opfer: die Lustrationstiere Schaf und Schwein; daher Niedersitzen auf dem Felle (Rossb. a. O. S. 113. 388), bekannter Lustrationsritus s. S. 69[2] (70). Vor der Hochzeit Eumenidenopfer (Aesch. Eum. 838). — Die Ceremonien bei Sterbefällen lassen sich mit einigen Modificationen ebenfalls auf diesen Lustralgedanken zu-

Das zweite unserer sibyllinischen Orakel (V. 30—70) entbehrt des Anfanges, wie das erste des Schlusses[1]. Daher ergänzen sich die Riten auf das beste und vervollständigen das Bild einer solchen sibyllinischen Lustration. Die Opfergebräuche bestehen in Folgendem:

1) Darbringung von Gewändern für Persephone (30. 31),

2) Geschenk für Persephone (das schönste und beste auf der Welt; 32—34),

3) Opfer eines schwarzen Rindes für Hades-Pluton. Die Opferprocession im Festgewande (37),

4) Ziegenopfer für Apollon (45—47),

5) Gebet an Apollo mit bekränztem Haupte (47—49),

6) Opfer einer weissen Kuh für Hera Basileia (50. 51),

7) Gesang der Jungfrauen (52),

8) Weihung der Schnitzbilder der Hera,

9) tägliche Trank- und andere Opfer für Hera (58—60),

10) Lammopfer für die chthonischen Götter (62).

Auch die meisten Vorschriften dieses zweiten Sibyllinums

rückführen: alles vom λουτρὸν bis zur μελιτοῦττα, die dem Gestorbenen mitgegeben wird, spricht den Gedanken aus, der Tote solle versöhnt mit den Unterirdischen im Hades anlangen. Die stete Parallelisirung von Hochzeit und Tod in griechischer Poesie und Kunst ist der unmittelbare Ausdruck täglicher religiöser Erfahrung und bedarf nicht zur Erklärung der Vermittelung verschollener threnetischer Poesie (Wilamowitz Eur. Her. II 147).

[1] Es ist leicht denkbar, dass die stereotype Wiederholung derselben Ceremonien die Veranlassung gab den Anfang wegzuschneiden, obgleich das zweite Gedicht ungeschickt genug anfängt.

lassen sich in der annalistischen Ueberlieferung nachweisen:

1) Das Darbringen von Gewändern ist etwas so gewöhnliches, dass es keine Erwähnung gefunden hat, sondern wol miteinbegriffen ist

2) in den Geschenken für Ceres und Proserpina, wie sie bereits oben als übliche Procuration aus der annalistischen Ueberlieferung nachgewiesen sind. Die Formel ὅτι κάλλιστον καὶ εὐκτὸν ἐπ' αἶαν erinnert an die Devotion des Curtius, wo die sibyllinischen Bücher ebenfalls als Opfer der Unterirdischen τὰ πλείστου ἄξια τῷ Ῥωμαίων δήμῳ verlangt hatten (Dionys XIV 20). Aehnliche Bestimmungen sind ja nicht selten; für die Götter ist das Beste gut genug. So hatte bei der Einholung der Magna Mater im J. 205 das Orakel bestimmt, *ut eam qui vir optimus Romae esset hospitio exciperet* (Liv. XXIX 11, 6).

3) Opfer an Pluton-Hades dürfen erwartet werden bei einer Procuration, die der Πλουτωνίς so ausführlich gedenkt. Als sibyllinisch bezeugt ist der Ritus durch das Programm des Säcularfestes bei Zosimos II 5, 2 s. unten S. 132, 11 θύουσι δὲ ... Δήμητρι καὶ Ἅιδῃ καὶ Περσεφόνῃ; und schon in den Ludi Terentini, die nachher zu den Saecularia erweitert wurden, spielt Dis pater eine Hauptrolle. Den Ritus dieses von alters her mit dem Geschlechte der Valerier (vermutlich wegen ihres Namens *boni ominis causa*) verbundenen Cultus erwähnen Zosimus II 1 ff. (s. S. 127, 6 ff.) Val. Max. II 4, 5. Censorin 17, 8.

4) Das dem Apollon dargebrachte Opfer einer weissen Ziege entspricht dem Gebrauche der annalistischen Ueber-

lieferung. Vgl. Liv. XXV 12, wo die Sibylle für die 212 eingerichteten Apollinarischen Spiele unter anderem auch zwei weisse Ziegen fordert. Die hervorragende Rolle, die Apollo in der Praxis des Decemviralcollegiums spielt, erklärt sich zum Teil wenigstens aus dem cumanischen Ursprung des sibyllinischen Wesens. Denn dort ist Apollon der Burgherr und zugleich Leiter des im Burgfelsen eingerichteten Sibyllenorakels[1]. In Rom hat er daher den Vortritt bei den sibyllinisch angeordneten Processionen, insofern sein Tempel der Ausgangspunkt derselben ist (Liv. XXVII 37, 5)[2].

Bei den Apollinischen Spielen des Jahres 212 wird die Bekränzung besonders hervorgehoben *(populus coronatus spectavit)*. So heisst es denn auch in unserem Orakel V. 48, die Procession der Bittflehenden (ἱκτήρ) solle bekränzt (κρᾶτα πυκάσσας[3]) den Apollo Paian um Rettung anflehen. Zunächst sind mit diesen *supplices* die Decemvirn gemeint, wie Livius es mehrfach erzählt[4]. Vielleicht

[1] Dies Verhältnis sowie die Sage von ihrem Ursprung aus Erythrai und ihrem langen Leben hat Anlass zu der Cultlegende gegeben, die Varro (vermutlich in Rerum divin. l. IV) erzählt bei Serv. VI 321.

[2] C. F. Hermann, der Apollons Vorkommen in der sibyllinischen Litteratur und den Säculärspielen vor Varro leugnet, hat die Thatsachen wunderlich verkannt (*De loco Apollinis in carmine Horatii saeculari*, Göttingen 1843, S. 3).

[3] Orakel bei Demosth. XXI 52 κάρη στεφάνοις πυκάσαντες und unsern Commentar zu V. 64.

[4] Liv. XXVII 37 *virginum ordinem sequebantur decemviri coronati laurea praetextatique*; Liv. LX 37 *decemviri supplicationem . . . edixerunt. maiores duodecim annis omnes coronati et lauream in manu tenentes supplicaverunt.* Genau ebenso i. J. 180 (Liv. XL 37, 3), vgl. XXXIV

aber ist auch die ganze Gemeinde zu verstehen, worauf das οἴδατε πάντες (V. 47) führt und ein entsprechender Bericht der Chronik aus dem J. 180 (Liv. LX 37 s. S. 51[4]). Die Opferprocession soll, so schreibt die Sibylle vor (V. 38), im Feierkleide stattfinden λαμπροῖς εἵμασι κοσμητούς. Es ist damit nach den Berichten des Livius die Praetexta gemeint (s. S. 51[2]).

6) Das Opfer einer weissen Kuh für Iuno Regina entspricht durchaus den Gepflogenheiten der römischen Procuration. Bei den Prodigien des Jahres 217 (Liv. XXII 1, 8) werden nur allgemein *hostiae maiores* zu Ehren der Iuno Regina genannt[1]. Genauer spricht der An-

---

55, 4 (i. J. 194): nach den Sibyllinen *supplicatio per triduum fuit. coronati ad omnia pulvinaria supplicaverunt.* Ebenso i. J. 191 (XXXVI 37, 5) und 169 (XLIII 13, 8 *uti supplicatio fieret cunctique magistratus circa omnia pulvinaria victumis maioribus sacrificarent populusque coronatus esset*). Auch auf griechischem Boden verbindet sich ganz gewöhnlich Feierkleid und Kranz in entsprechender Cultvorschrift z. B. Mitth. d. athen. Inst. VII 72, 38 (aus Magnesia) καθήσθωσαν δὲ οἱ προγεγραμμένοι ἐν τῷ ἱερῷ κοσμίως ἐν ἐσθῆσιν λαμπραῖς ἐστεφανωμένοι στεφάνοις. Doch ist hier an weisse Gewandung zu denken, wie Isyllos von Epidauros ausdrücklich bestimmt B 10 (s. meinen Comm. zu V. 64); vgl. C. I. Gr. 2715 a 8 (Stratonicea) παῖδας τριάκοντα . . . ἄξεται ὁ παιδονόμος ἐς τὸ βουλευτήριον λευχιμονοῦντας καὶ ἐστεφανωμένους θαλλοῦ, ἔχοντας δὲ μετὰ χεῖρας ὁμοίως θαλλούς (Vgl. Pergam. Inschr. her. von Fränkel N. 246, 38). Bei den Arvalbrüdern wird die Prätexta öfter mit der weissen *synthesis* vertauscht; bei dem Hauptopfer der *pingues agni* ward sie wieder angelegt. Das scheint mit dem doppelten (chthonisch-uranischen) Character der einzelnen Ceremonien zusammenzuhängen; s. unten S. 69[2] (70). Stengel *gr. Kultusalt.* S. 33, 16 ff. Die allgemeine amtliche und sacrale Anwendung der Prätexta erörtern Mommsen Staatsr. I[3] 421 f. und Marquardt Handb. VI[2] 223.

[1] Die Iuno Regina entspricht der in Griechenland vielverehrten

nalist bei der umständlichst geschilderten Procuration des Zwitters von Frusino (i. J. 207 Liv. XXVII 37, 5): *ab aede Apollinis boves feminae albae in urbem ductae, inde in clivum Publicium atque aedem Iunonis Reginae perrectum. ibi duae hostiae ab decemviris immolatae*[1]. Hinter den Kühen werden *duo signa cupressea* getragen, die ihren Platz im Tempel der Iuno finden.

Ἥρα Βασιληίς, Βασιλίς, Βασίλεια, die in Argos, in Boiotien und auf der gegenüberliegenden Kuhinsel verehrt wird. Zu den von Robert in Prellers Gr. Myth. I[4] 161[2]. 162[3] gesammelten Belegen kommt der von Hicks *A sacrifical Calendar from Cos* (im *Journal of Hellenic Studies*, 1888) veröffentlichte Koische Stein (Ἥρᾳ Ἀργείᾳ Ἐλείᾳ Βασιλείᾳ), vgl. dessen Commentar. Man könnte annehmen, dass der Cult der Βασιλεία von den Siedlern Boiotiens und Euboias stammt, die sich nachweislich an der Gründung Cumaes beteiligt haben, aber Beachtung verdient der, wie es scheint, alte Name der Ursibylle Herophile zu Erythrai, wo wenigstens eine Ἥρα τελεία nachweisbar ist (Robert a. O. 163[3]). Die cumanische heisst analog Δημοφίλη (bei Varro, die Kurzform davon Δημώ bei Paus. X 12, 8 s. Maass *de Sibyllarum indic.*, Greifsw. 1879, S. 33, der aber die Vollform nicht beanstanden durfte). Warum sie die Freundin der Δημήτηρ heisst, ergiebt der Inhalt des sibyllinischen Dienstes und die Geschichte der Procurationen in Rom von dem ersten geschichtlich bezeugten Feste des J. 496 an bis zur Säcularfeier des Augustus. Auch der samische Name Φυτώ bezieht sich auf diese Cultsphäre.

[1] Ueber die Zweizahl der Opfer hat Preller-Jordan R. Myth. I 268 die unbegründete Ansicht ausgesprochen, sie gelte den Matronen *intra ex extra urbem*. Aber der Dual ist weit älter. Er erscheint nicht nur im ältesten Bussopfer der Lupercalien (s. S. 69[2]), sondern auch im ionischen Thargelienfeste, über das J. Töpffer Rhein. Mus. XLIII 142 mir richtiger zu urteilen scheint als P. Stengel Hermes XXII 86. Harpokration erklärt die Zweizahl so: δύο ἄνδρας, ἕνα μὲν ὑπὲρ τῶν ἀνδρῶν, ἕνα δὲ ὑπὲρ γυναικῶν; dies entspricht dem Modus der Lupercalien. Dagegen Hesychios s. v. φαρμακοί. καθαρτήριοι περικαθαίροντες τὰς πόλεις ἀνὴρ καὶ γυνή; dies entspricht dem Menschenopfer *Graecus Graeca*, über das vgl. S. 85 f. In bei-

Diese altertümliche Ceremonie findet sich wiederholt bei dem Androgynen des J. 97, s. Iulius Obs. 48 (S. 127, 13 Jahn): *supplicatum in urbe, quod androgynus inventus est in urbe . . . cupressea simulacra Iunonis* [l. *Iunoni*] *Reginae posita per virgines viginti septem quae urbem lustraverunt*[1].

Alle diese Opferhandlungen sind griechisch, nicht nur weil die Gottheiten, denen die Sühne dargebracht wird, griechischen Ursprungs sind, sondern namentlich auch deswegen, weil das Ritual streng griechisch ist. So sehr sich von Hause aus altitalische und altgriechische Religionsübung in allem Wesentlichen berührt und ergänzt, so sehr sich ferner allmählich der plastischere griechische Cult einbürgert und die blassen Schemen italischen Götterwesens verdrängt, als fremd wurde er wenigstens in der republikanischen Zeit noch immer empfunden. Wenn die feierliche Sühnprocession unter Anführung der Zehnmänner mit griechischen Priesterinnen vom Apollotempel draussen vor dem Thore sich in Bewegung setzte, durch die Porta Carmentalis die Stadt betrat und nach dem Rundgange über das Forum an den Tempeln der Ceres und des Hercules vorbei wieder hin-

---

den Fällen ist der Sinn der Zweizahl derselbe (Vertretung der beiden Geschlechter), nur die Ausführung verschieden. Richtig hat den Sinn des Ritus die Legende der Ludi Terentini bei Zosimos II 1, 2 (s. unten S. 128, 1) verstanden: δύο τελείας ἀντὶ τῶν παίδων αὐτῇ (der Vesta) δώσειν ὑπισχνεῖτο ψυχάς, ἑαυτοῦ τε καὶ τῆς τῶν παίδων μητρός.

[1] Dieselbe Procuration i. J. 99 (Iul. Obseq. 46. 126, 28 J.). Als Prodigium wird nur *fremitus ab inferno ad caelum ferri visus* erwähnt. Vielleicht ist aber die Zwittererscheinung ausgelassen.

aus zog *extra pomerium* auf den Aventin zum Tempel der Iuno Regina: dann hatte der Römer das Gefühl, dass eine höhere fremde Macht zur Sühnung der Stadt herbeigeeilt sei. Und die Riten dieser Procuration stechen so ab von dem römischen und etruskischen Gebrauche, dass die Römer selbst das Fremdartige öfter hervorheben. So Livius XXV 12, 13 (J. 212) *alterum senatus consultum factum est, ut decemviri sacrum graeco ritu facerent* und Varro l. lat. VII 88 *et nos dicimus XVviros graeco ritu sacra, non romano facere.* Auch Cicero de legg. II 9, 21 gehört hierher: *nocturna mulierum sacra ne sunto praeter olla quae pro populo rite fient, neve quem initianto nisi ut assolet Cereri graeco sacro* und pro Balbo 24, 55 *ut deos immortales scientia peregrina et externa, mente domestica et civili precaretur*[1]. Selbst der angebliche römische Nationalprophet Marcius schreibt in seinem Orakel griechischen Brauch vor[2]. So darf es nicht Wunder nehmen, dass auch unser sibyllinisches Orakel ausdrücklich griechischen Ritus befiehlt (V. 16)

παῖδας ὅσας πάρος εἶπα κέλευ' Ἀχαϊστὶ τάδ' ἔρδειν.

Das Wort Ἀχαϊστὶ hat zwar bei solchen, die den Zusammenhang des Ceremoniells nicht überblickten, Anstoss erregt. Aber es es ist völlig richtig gebildet nach Analogie von Ἑλληνιστὶ und entbehrt nicht der dem Orakel-

[1] Vgl. Dionys Antiqu. I 34 VI 1. Servius zur Aen. VIII 276. Sozomenus VI 6.

[2] Livius XXV 12, 10 *decemviri graeco ritu hostiis sacra faciunt.* Man sieht, dass auch dieses Orakel des Marcius ganz aus der Anschauung der Sibyllinen heraus d. h. von einem Decemvirn verfasst ist. (S. oben S. 7 ff.).

ton von jeher eigenen epischen Färbung[1]. Aber wie kann die griechische Sibylle, wie kann ein angeblich vor alters aus Cumae bezogenes Orakel überhaupt von griechischem Ritus reden? Aufschluss darüber gewährt vielleicht die sprachliche Form des Gedichtes.

VI.

Der Laodicener Apollinarios — denn so nennt man jetzt den Verfasser der dem Justin beigelegten *Cohortatio ad Graecos*[2] — hat sich bei dem grossen Interesse, welches auch das christliche Publicum an der Sibylle nimmt, veranlasst gesehen, eine genaue auf Autopsie beruhende Schilderung der cumanischen Orakelstätte zu geben (c. 37). Im vierten Jahrhundert, in dem der Verfasser lebte, ist dort in der Höhlung des Burgberges längst kein Orakel mehr gespendet[3], auch die bequemeren Loosorakel auf Palmblättern, wie sie Vergil (Aen. III 444) noch gesehen zu haben scheint[4], sind nicht mehr erteilt worden. Aber die

---

[1] Das verklungene ι (statt Ἀχαιιστί) ist in allen Dialekten und Sprachperioden häufig (s. Lobeck z. Phrynich. S. 39, Hartel hom. Stud. III 19, BlassAusspr.[3] S. 51) und hat in ἐλᾰ́ας V. 66 (episch ἐλᾰ́ης) ein genau entsprechendes Analogon. Attisch würde es ἐλάας heissen müssen. Die Form ἐλᾰ́η auch in Epigrammen des Philippos (Anthol. IV 2,12. VI 102,6).

[2] Dräseke *Der Verf. des fälschlich Justin beigelegten* Λόγος παραινετικὸς πρὸς Ἕλληνας (Z. f. Kirchengesch. VII 257 ff.), Neumann Theolog. Litteraturz. 1882 n. 25.

[3] Paus. X 8. S. Maass de Sibyll. ind. S. 11.

[4] Wenn das nicht aus Varros Antiquitates stammt; vgl. Serv. III 444 *in foliis palmarum Sibyllam scribere solere testatur Varro.* Ferner VI 74 *ut Varro dicit, in foliis palmae interdum notis, interdum scribebant sermonibus* (die Palmblätter deuten auf eine Palme inner-

Fremdenführer wissen doch noch von der alten Herrlichkeit, wenn sie die schauerliche Sibyllenhöhle zeigen und die eherne Ampulle, in der sich die Ueberreste der Sibylle befinden[1]. Sie erklären die metrische Fehlerhaftig-

halb des Apollinischen Heiligtums, in dessen Schutze die Sibylle lebte. So stand nach griechischer Sitte auch im Haine des Apollo zu Antium eine Palme, s. Hehn *Kulturpflanzen*³ 239). Die Einrichtung der Sortes ist in Italien weitverbreitet und alt; aber da der Zufall hier sein unberechenbares Spiel treibt, so hat Vergil dem Aeneas ein directes Orakel durch die Sibylle geben lassen (Aen. VI 70). Auch in Griechenland scheint das Loosorakel mit Blättern uralt. Denn die Θριαὶ (Lobeck Aglaoph. 814) sind doch wol nur Personificationen des Feigenlaub-Orakels am Parnass, das später statt der Blätter ψῆφοι verwandte. Jene Θριαὶ sind wie fast alle umliegende Lokalmantik früh von Delphi aufgesogen, oder wenigstens in den apollinischen Kreis gezogen worden, wie der thessalische Asklepios. Aber in dem Terminus ἀνελεῖν (*sortes tollere* Lobeck Agl. 814) ist der ursprüngliche Brauch noch erkennbar. Der Ausdruck ἐν πετάλοισιν des zweiten Sibyllenorakels V. 65 ist ebenso metaphorisch zu verstehen wie das häufige ἱστός.

¹ Cohort. p. 35 E αὐτοὶ γὰρ ἐν τῇ πόλει γενόμενοι παρὰ τῶν περιηγητῶν μεμαθήκαμεν τῶν καὶ τοὺς τόπους ἡμῖν ἐν οἷς ἐχρησμῴδει ὑποδειξάντων καὶ φακόν τινα ἐκ χαλκοῦ κατεσκευασμένον, ἐν ᾧ τὰ λείψανα αὐτῆς σῴζεσθαι ἔλεγον. ἔφασκον δὲ μετὰ πάντων ὧν διηγοῦντο καὶ τοῦτο ὡ ς π α ρ ὰ τ ῶ ν π ρ ο γ ό ν ω ν ἀ κ η κ ο ό τ ε ς, ὅτι οἱ ἐκλαμβάνοντες τοὺς χρησμοὺς τηνικαῦτα ἐκτὸς παιδεύσεως ὄντες πολλαχοῦ τῆς τῶν μέτρων ἀκριβείας διήμαρτον. καὶ ταύτην ἔλεγον αἰτίαν εἶναι τῆς ἐνίων ἐπῶν ἀμετρίας, τῆς μὲν χρησμῳδοῦ διὰ τὸ πεπαῦσθαι τῆς κατοχῆς καὶ ἐπιπνοίας μὴ μεμνημένης τῶν εἰρημένων, τῶν δὲ ὑπογραφέων δι' ἀπαιδευσίαν τῆς τῶν μέτρων ἀκριβείας ἐκπεπτωκότων. Die gesperrte Stelle hat Maass nicht genügend beachtet, als er dieses Zeugnis gegen Pausanias ausspielte, *de Sibyll. ind.* S. 11. Dagegen spricht Pausanias irrtümlich von einer s t e i n e r n e n Hydria, in der die Gebeine der Sibylle beigesetzt seien X 12, 8, womit auch das Epigramm § 6 stimmt; beides deutet auf denselben bedenklichen Gewährsmann, Demetrios Skepsios. Ueber die Ampulle vgl. auch Ampelius lib. mem. VIII 16, der die Sache anderswohin verlegt.

keit der sibyllinischen Orakel „nach alter Tradition“ dahin, dass die Priester, welche die Offenbarungen der Sibylle niederschrieben, ungebildete Leute gewesen seien, welche in metrischen Dingen nicht Bescheid wussten. Auch Plutarch kommt in seiner Apologie des delphischen Orakels öfter auf diesen wunden Fleck der Inspirationstheorie zu sprechen. Er entschuldigt[1] die Fehlerhaftigkeit der Orakel entweder, wie jene cumanischen Exegeten, mit der Unbildung des menschlichen Gefässes, welches den göttlichen Odem aufnimmt, oder aber er sieht diese Herbheit und Rauhigkeit der Form als Stempel der göttlichen Offenbarung an, welche die Künstelei unter ihrer Würde achte. Aehnlich meint auch R. Volkmann, der sich am gründlichsten mit der verzweifelten Metrik der Sibyllinen[2] befasst hat, die Scheusslichkeit der metrischen Form sei absichtlich gewählt, um den Versen eine künstliche Patina zu geben. Wäre also die Unschönheit der Sibyllinenverse eine gemachte, so wäre es ganz vergeblich, metrische Beobachtungen zum Ausgangspunkte chro-

---

Aus Petron c. 48 geht hervor, dass man sich damals das Mütterchen in der Flasche noch nicht tot, sondern nur eingetrocknet und lebensmüde dachte, ein burlesker Ausdruck dessen, was Timaios von den Cumanern erfahren πολυχρονιωτάτην γενομένην παρθένον διαμεῖναί φασιν οὖσαν Pseudarist. Mirab. ausc. S. 838 a 5. Aus Timaios Lykophron Al. 1276 Ζωστήριόν τε κλιτύν, ἔνθα παρθένου στυγνὸν Σιβύλλης ἐστὶν οἰκητήριον und nicht τάφον wie der eine Scholiast erklärt; richtiger der Scholiast Kinkels S. 182, 10.

[1] de Pythiae oraculis 5—7. p. 396 f. Vgl. Porphyr. de abstin. II 18.

[2] d. h. der jüdisch-christlichen Sammlung in seiner Schrift *De oraculis Sibyllinis* Lips. 1883. S. 10.

nologischer Untersuchung machen zu wollen. Aber auch wenn man diese Ansicht nicht teilt und vielmehr der Meinung ist, dass die Sibyllisten ihre Sache so gut gemacht haben als sie eben konnten, was bei den Phlegontischen Orakeln ganz gewiss zutrifft, so kann man mit der Metrik dieser Gedichte doch nicht allzuviel anfangen. Denn während in der hexametrischen Dichtung der Griechen Homer das ewige Vorbild blieb, sind die Abweichungen und Verfeinerungen der Technik niemals allgemein durchgedrungen, sondern nur innerhalb gewisser Schulen in Geltung gewesen. Und selbst innerhalb dieser Schranken hat die Individualität der Dichter sich freier bewegt als man zuweilen annimmt. Man erkennt nicht schwer die feineren Wohllautsgesetze, welche die musikalische Elegie dem Hexameter aufprägt, man sieht den ausserordentlichen Einfluss, den Kallimachos von dieser elegischen Kunst ausgehend auf die alexandrinische und nachalexandrinische Poesie ausübt, man kann nicht fehl gehen in der Chronologie, wenn man einen Dichter den virtuosen Eiertanz der Nonnianischen Schule aufführen sieht. Aber ausserhalb dieser Schulen und nun gar bei einer Poesie, die weitab von den Culturcentren im Barbarenlande von Dilettanten geübt wird, da verliert sich jeder Pfad und dichte Wildnis starrt uns entgegen. Wer z. B. den berühmten Untersuchungen G. Hermann's folgend auf den Trochäus im vierten Fusse fahnden wollte, der wird in unsern Sibyllinen gleich mehrere fehlerhafte Verse entdecken:

13 αὐτὰρ δημοσίᾳ κέλομαί σε τρὶς ἐννέα ταύρους

41 μὴ γὰρ ἀπιστόφιλος θυσίαισιν ἀνὴρ παρεπέσθω

51 ἀργὴν βοῦν θύων πατρίοισι νόμοισι κατ' αἶσαν,

von denen wenigstens die beiden letzten sehr hart klingen. Aber chronologische Folgerungen sind aus solcher Ungeschicklichkeit nicht zu ziehen. Denn auch das offenbar viel spätere und sonst besser stilisirte Säcularorakel (s. den hinten S. 133 ff. abgedruckten Text) enthält den fehlerhaften Versausgang γέλωτι μεμίχθω (V. 35). Von den jüdischen Sibyllinen gar nicht zu reden; denn auch in den ältesten Teilen, die in der zweiten Hälfte des zweiten Jahrhunderts v. Chr. entstanden sind und durch ihre „einzige Schönheit, Herrlichkeit und Kraft“ Ewald's Prophetenherz entzückten [1], ist solche Stümperei etwas ganz gewöhnliches. Selbst Dichtungen der besten Zeit haben diesen Fehler nicht ganz vermieden. Im Anfange des fünften Jahrhunderts [2] schrieb Parmenides sein Lehrgedicht, grandios im Gedankenwurf, aber knabenhaft in der Technik. Daher finden sich hier ausser anderen Verstössen zwei jener übellautenden Verse (68. 86 der Steinschen Bearbeitung). Die paar fehlerhaften Verse des Em-

[1] *Ueber Entstehung der Sibyll. Bücher* (Abhandl. der Gött. Ges der W. VIII) S. 9.

[2] Ein den Argivern bald nach 494 gegebenes Orakel (Herodot VII 148) enthält den Vers καὶ κεφαλὴν πεφύλαξο· κάρη δὲ τὸ σῶμα σαώσει. Ein geschulter Dichter würde ohne Frage κάρη δέ τε σῶμα σαώσει geschrieben haben, mit der namentlich im 4. Fusse beliebten Partikel-Verbindung δέ τε und mit Vermeidung des stilwidrigen Artikels. Wahrscheinlich hat das Orakel auch so gelautet. Aber es ist misslich in dieser heiligen Poesie zu emendiren. Unantastbar scheint mir z. B. der in einem Orakel bei Herod. VIII 220 überlieferte Versanfang ἦ μέγα ἄστυ ἐρικυδές.

pedokles sind kritisch nicht genügend gesichert. Aber auch auf inschriftlich erhaltenen Epigrammen guter Zeit tritt uns solches Ungeschick selbst in Athen nicht ganz selten entgegen. Auf der Burg errichtete ein Telesinos gewiss noch im 6. Jahrh. ein Bild der Athenaïa (C. I. A. IV 2, 373^{231} S. 131)

Φαρθένε, ἐν ἀκροπόλει Τελεσῖνος ἄγαλμ' ἀνέθηκεν.

Aus dem vierten Jahrhundert ungefähr stammt ein attischer Leichenstein mit dem Hexameterschluss (Kaibel epigr. 65)

φίλον τε φίλοισι προσεῖναι.

Gehen wir noch etwas weiter hinab, so begegnet uns am Anfang des dritten Jahrh. die merkwürdige Erscheinung des Epidauriers Isyllos des Sokrates Sohn, der sich bemüssigt gefunden hat seine feudal-clerikalen Anschauungen auf steinernen Tafeln zu verewigen. Diese gut gemeinte, aber schlecht geratene Poesie zeigt in den wenigen Hexametern eine auffallend häufige Verletzung der euphonischen Regel:

B 4 χεῖρας ἀνασχόντες μακάρεσσιν ἐς οὐρανὸν εὐρύν
14 τὰν καλοκαγαθίαν τ' Ἐπιδαυροῖ ἀεὶ ῥέπεν[1] ἀνδρῶν
E 11 ἀλλά μ' ἐποίκτειρον· τύ δέ μοι τάδ' ἔλεξας ἐναργῆ
15 οὓς μαντευσάμενος παρέταξε πόληι Λυκοῦργος

---

[1] Die Verbesserung von Wilamowitz δρέπεν halte ich nicht für nötig. Ich verstehe V. 12 ff. „und zu beten, dass sie (Apoll und Asklepios) allen Bürgern und ihren Kindern Gesundheit verleihen und dass Tugend der Männer und Eintracht und Friede und Segen sich stets auf Epidauros neigen möge, vorausgesetzt dass sie (die Bürger) stets dies Gesetz bewahren". Dass nicht alles glatt läuft und namentlich σέβοντας übel nachhinkt, hat Wilamowitz, dem

Isyllos berührt sich in mehr als einer Beziehung mit unserem Sibyllisten. Denn er hat einen Nomos verfasst, der in Zweck, Form und Inhalt die engste Verwandtschaft mit unsern Sühnorakeln zeigt. Er hat ferner auch das Sühnlied, den Paian, selbst gedichtet, der bei der Procession gesungen worden ist. Er ist also, wie es scheint, der Leiter des Cultuswesens in Epidauros und seine glücklich entdeckte Poesie wirft manchen Lichtstrahl auf die römische Sibyllendichtung. Seine Musterbilder sind vornehmlich der Spartaner Lykurg, dem Sparta die stadterhaltenden Orakel des Phoibos verdankt[1], und sodann der Athener Xenophon, der in seinem Sokrates (so heisst auch Isyllos Vater) das Bild des frommen Beraters hingestellt hat, welcher zur καλοκἀγαθία ermahnt und hinführt[2]. Sonst aber ist er ein ungebildeter Junker[3], der zwar seine heilige Satzung 'οὐκ ἄνευ θεῶν'

---

wir das Verständnis dieser Poesie verdanken, selbst anerkannt (Phil. Unters. IX 10). Dagegen verstehe ich E 10 ἔμπορος εἰμι auf keine Weise und glaube dass Isyllos ἀμμορός εἰμι gewollt hat. Freilich der treffliche Dichter ist hier so unklar, dass noch Niemand zu sagen gewusst hat, von wem eigentlich die Rede ist.

[1] E 14 οὕνεκα τοὺς Φοίβου χρησμοὺς σώζοντι δικαίως οὓς μαντευσάμενος παρέταξε πόληι Λυκοῦργος.

[2] S. Wilamowitz S. 43. Zu προτρέπειν und προάγειν ist die Inschrift von Sestos zu vergleichen (ca. 130 v. Chr. s. C. Curtius Hermes VII 118. Dittenberger Syll. 246, 71): προτρεπόμενός τε διὰ τοιαύτης φιλοδοξίας πρὸς ἄσκησιν καὶ φιλοπονίαν τοὺς νέους, ἐξ ὧν αἱ τῶν νεωτέρων ψυχαὶ πρὸς ἀνδρείαν ἁμιλλώμεναι καλῶς ἄγονται τοῖς ἤθεσιν πρὸς ἀρετήν.

[3] Man möchte wissen, ob er eine Rolle bei der Ueberführung des Epidaurischen Asklepios nach Rom gespielt hat, die auf sibyllinisches Geheiss zu seiner Zeit ins Werk gesetzt wurde (i. J. 293 s. Liv. X 47, 7. Periocha 11.) Man könnte den Isyllos im Verdacht

(A 7), seine Verse aber jedenfalls ἄνευ Ἀπόλλωνος gemacht hat, dem er sie widmet. Auch bei unserer Sibylle hat sich, wie es uns bereits die Verletzung eines metrischen Gesetzes zeigte, die göttliche Inspiration nicht auf die Form erstreckt; es zeigt sich in diesen Hexametern nicht die geringste Spur von der Feinfühligkeit der Alexandriner, die im ersten Verse der Ilias drei metrische Anstösse nehmen [1]. Aber nirgends tritt doch auch die barbarische Rohheit der jüdischen Sibyllinen hervor. Die Hiate sind in homerischer Weise behandelt. Die (leicht durch Einschub von τε zu verbessernden) Verse 1 und 32 haben ihr Vorbild bereits in der homerischen Poesie [2]. Die Verkürzung langen Auslauts vor Vocalen ist ebenfalls nach dem Vorbilde Homers ohne Ahnung der durch die Elegie üblich gewordenen Wohllautsgesetze durchgeführt. Alle diese Beobachtungen führen keinen Schritt weiter; wir sehen dilettantische Versuche, nach homerischem Vorbilde schlecht und recht Hexameter zu bauen, aber Anhalt zur Zeitbe-

---

haben, das sibyllinische Orakel '*Aesculapium ab Epidauro Romam arcessendum*' gedichtet und in Rom eingeschmuggelt zu haben. Denn dass diese Berufung auf Grund neuer Orakel erfolgte, erkennt man daraus, dass vorher die sibyllinischen Bücher bei gleicher Veranlassung (Pestilenz) niemals des Asklepios auch nur Erwähnung gethan haben, obgleich doch schon vorher der Gott in Rom Aufnahme gefunden hatte (s. Jordan in Prellers R. Myth.[2] 241[1]. Vgl. Liv. IV 25, 3. Vielmehr wurden im 4. Jahrh. in solchen Fällen Lectisternien abgehalten. S. Liv. V 13, 5 = Dion. Hal. XII 9. 10. Liv. VII 27.

[1] S. Wilh. Meyer, Sitzungsberichte der Münchener Akad. 1884, 992 ff. (S. 994[2] war Hermes XV 172 zu beachten).

[2] W. Hartel Hom. Stud. II, Sitzungsberichte der Wiener Akad. 76 (1874) S. 348. 364.

stimmung finden wir nicht. Denn nur die Kunst hat eine Geschichte, nicht die Pfuscherei.

VII.

So wenig wie die metrische Unbildung ist die noch schlimmere stilistische Ungeschicklichkeit dieser Sibyllinen chronologisch zu verwerten. Es giebt wol wenig griechische Verse, die so schwer zu verstehen sind wie diese Orakel. Das liegt gewis zum Teil daran, dass der Verfasser die Anschauung Heraklits teilt, die Sibylle müsse „mit rasendem Munde sonder Reiz und Schein und Schminke“ reden. Daher versucht er die Trivialität seiner epischen Formeln durch einige dithyrambische Lichter [1] zu beleben. Zugleich will er durch eine gewisse Kürze imponiren, die wie Heraklits Stil zeigt, ebenfalls zum Sibyllentone gehört. Aber da er die Gedankenkürze nicht erreicht, welche die Griechen bezeichnend τάχος nennen, so hilft er sich mit seltsamen Satzverkürzungen. Läse man z. B. die Verse 8. 9 oder gar 35—37 ausserhalb der akrostichischen Folge, so würde jeder, wie es auch wirklich vor der Entdeckung der Akrostichis geschehen ist, annehmen müssen, dass eine ganze Anzahl von Versen ausgefallen sei. Die hier völlig sichere Folge der Initialen lehrt, dass es der Sibylle beliebt hat, mehrfach hintereinander das Verbum in Gedanken zu behalten; ein Misverständnis ist hier allerdings bei der stereotypen Wiederkehr von Beten und Opfern nicht wol möglich. Aufgeregte Stimmung spricht sich ferner durch Parenthesen aus. Auch

[1] Ueber die barocken Composita s. S. 32[1].

hierin zeigt sich unser Orakel ungewöhnlich kühn; namentlich V. 65—67 werden nicht sofort beim ersten Lesen verständlich sein. Trotz aller Versuche, des Gottes voll zu scheinen, gelingt es der Sibylle nicht, auch nur den gewöhnlichen poetischen Ton zu treffen. Die Einschnürung in den akrostichischen Zwang gestattet zwar wenig freie Bewegung und würde selbst einen besseren Dichter zuweilen zum 'Leimen' genötigt haben; aber das ganze Herzählen des Rituals macht einen geschäftsmässigen, prosaischen, banausischen Eindruck. Ja einmal vergisst die Seherin den Sibyllenton sogar soweit, einen Scherz einfliessen zu lassen, V. 43: „Die Profanen sollen draussen bleiben und ein Opfer ohne Opferschmaus haben (ἄδαιτον ἔχειν θυσίαν).“ Alles dies vermehrt den peinlichen Eindruck der Stillosigkeit, welchen diese Poesie erweckt, aber zu weiteren Folgerungen hilft es nicht. Noch weniger hilft die Beobachtung des Dialectes. Denn das Vorherrschen der κοινή über die Ias liesse sich schon aus der römischen Ueberlieferung genügend erklären. Doch vgl. S. 117, 7.

Etwas fruchtbringender wird sich die grammatische und lexikalische Analyse für die Bestimmung von Zeit und Ort dieser Sibyllendichtung erweisen. Denn es fällt eine ganze Reihe von Sonderbarkeiten auf, die zum Teil geradezu als ungriechisch bezeichnet werden müssen. Ein ganz singulärer Gebrauch lässt sich zweimal beim Reflexivpronomen ἑός (ὅς) beobachten. Es ist durch neuere Forschung[1] hinlänglich klar geworden, dass in den indo-

[1] Vgl. Karl Brugman, *Ein Problem der homerischen Textcritik* (1876) S. 86 ff.

germanischen Sprachen das Reflexivpronomen zunächst nicht eine bestimmte Person vertritt, sondern nur die Reflexion an sich ausdrückt, dass es daher nicht bloss die Rückbeziehung des Subjectes, sondern auch anderer Satzglieder darstellen kann. In der alten Epik z. B. ist die Verwendung dieser Reflexivformen eine sehr freie:

Οὖτιν ἐγὼ πύματον ἔδομαι μετὰ οἷς ἑτάροισιν ι 339,
ἑή τέ μιν ὤλεσεν ἀλκή Π 753,
τήν ποτε Νηλεὺς γῆμεν ἑὸν διὰ κάλλος λ 281,
τότε δὲ Ζεὺς Ἕκτορι δῶκεν
ᾗ κεφαλῇ φορέειν (den Helm) Π 799,
ἀλλ' ἐμὲ θυμὸς ἀνῆκε πολυτλήμων πολεμίζειν
θάρσεϊ ᾧ Η 152.

So verschieden diese Stellen sind, sie haben das Gemeinsame, dass keine einfache Reflexion, sondern eine vermittelte, secundäre stattfindet, die dem Begriffe der Zugehörigkeit, des Eigentums nahe kommt. Denn die Reflexion bezieht sich hier nicht auf den grammatischen Träger der Handlung, sondern auf eine vom Subjecte verschiedene Person, die aber die Vorstellung des Dichters besonders beschäftigt, also κατὰ σύνεσιν Träger der Handlung ist. θάρσεϊ ᾧ πολεμίζειν heisst „mit dem mir eigenen Mute zu kämpfen", weil ἐγώ logisches Subject ist, das nur in der plastischen Sprache des Dichters in einen activen (θυμός) und passiven Teil (ἐμέ) zerlegt erscheint. Diese Stelle, die schon im Altertum viel umstritten und in Zenodots Exemplar in θάρσει ἐμῷ emendirt war, scheint den Anlass zu den Sonderbarkeiten unseres sibyllinischen Orakels gegeben zu haben:

2 ἱστὸς ἐμὸς λύσει, τάδ' ἐνὶ φρεσὶν αἴ κε νοήσῃς
ῥώμῃ ἐῇ πίσυνος.

Früher fasste man das überlieferte ῥώμη als Anrede von Rom, was die weitere Aenderung des Meursius ἐμοὶ statt ἐῇ nach sich zog. Erst Emperius hat gesehen, dass die Anrufung Roms sinnlos und ein Ausdruck wie V. 20 ἱστῷ ἐμῷ πίσυνοι zu erwarten ist. Nach dieser Parallelstelle ist also zu interpretiren: „Wenn du dies in deinem Sinne erwägst, glaubend an seine (nemlich des Webstuhls, der Sibylle) Kraft." Der herrschende Begriff des Hauptsatzes (ἱστός) greift in den Nebensatz über, wie es in der Odyssee δ 617 vom Krater des Menelaos heisst:

πορέν δέ ἑ Φαίδιμος ἥρως
Σιδονίων βασιλεύς, ὅθ' ἑὸς δόμος ἀμφεκάλυψεν
κεῖσέ με νοστήσαντα.

Dieser Gebrauch von ῥώμῃ ἐῇ statt ῥώμῃ αὐτοῦ liegt nicht auf der Linie, in der sich die griechische Syntax entwickelt hat. Denn bekanntlich ist hier die klassische Sprache im Gegensatz zum lateinischen Gebrauch bemüht, die Selbständigkeit der Nebensätze und Nebenglieder immer stärker hervortreten zu lassen, und der Rückbeziehung auf das Subject des übergeordneten Satzes sind bei weitem engere Grenzen gesteckt. Aber mag jenes ῥώμῃ ἐῇ noch hingehen, weil es an homerisches Beispiel sich anlehnt, unentschuldbar ist die Kühnheit des V. 38

ὅστις
λήματι ᾧ πίσυνος βοὸς ἄρταμος αὐτὸς ὅδ' ἔσται.

Hier ist natürlich nicht von dem Vertrauen des Opferschlächters auf seinen eigenen Willen die Rede, sondern ᾧ λήματι soll den Willen des Orakels bezeichnen. Dieses war V. 30 und vielleicht V. 34 genannt, aber der ganze Satz von V. 35 an bietet dem Hörer keine Handhabe, dieses logische Subject bei λήματι ᾧ herauszufühlen. Der Verfasser mutet ihm also zu, aus dem Zusammenhang [1] eine Möglichkeit der Reflexion zu erraten, die grammatisch völlig unzulässig ist. Apollonios Rhodios hat ebenfalls von der Freiheit des homerischen Reflexivgebrauches reichlichen Gebrauch gemacht, aber zu einer solchen Verschrobenheit des Ausdruckes findet sich auch bei ihm keine Analogie [2].

Eine weitere syntaktische Unmöglichkeit begegnet uns V. 22

τρὶς τόσα, νήφαλα πάντα, πυρὸς μαλεροῖο τιθέντων.

„Sie sollen die weinlose Spende, dreimal so viel als früher, in das gewaltige Feuer schütten [3].“ Mit Recht hat Emperius den Genetiv beanstandet. Homer sagt εἰ μὴ ἐγὼ τάδε τόξα φαεινῷ ἐν πυρὶ θείην, und auch sonst verlangt τιθέναι präpositionale Verbindung. Es scheint also, dass hier eine unberechtigte Verallgemeinerung localer Anwendung des Genetivs vorliegt, nach der Ana-

---

[1] πίσυνος ist in dem ganzen Orakel von dem Glauben an die göttliche Offenbarung gebraucht, wie fast durchgängig bei Herodot, vgl. I 66 χρησμῷ κιβδήλῳ πίσυνοι, ebenso I 73 V 92 ε, VII 153 ἱρὰ τούτων τῶν θεῶν . . . τούτοισι δ' ὤν πίσυνος VIII 143 θεοῖσι πίσυνοι. Menschen und Dingen gegenüber nur VII 10. 85.

[2] Rzach *Grammat. Studien zu Apoll. Rhod.* S. 114 ff.

[3] Dieser Sinn wird durch sachliche Erwägung sicher gestellt. Vgl. z. B. die Lustrationsscenen, die bei Ersilia Lovatelli im *Bullettino comunale di Roma* VII (1878) Tafel IV, V n. 2 abgebildet sind.

logie von I 218 αὐτὸς δ' ἀντίον ἷζεν Ὀδυσσῆος θείοιο τοίχου τοῦ ἑτέροιο.

In auffallender Weise ist der Genetiv auch V. 62 verwendet

νηφαλίμων ἀρνῶν τε ταμὼν χθονίοις τάδε ῥέξον.

Zur Aufklärung dieser Stelle wird es nötig sein auf die Sühnevorstellung einzugehen, die dieser Procuration zu Grunde liegt. Die Prodigien sind nach antiker Anschauung Anzeichen des Götterzorns, der, wenn er nicht in seiner ganzen Verderblichkeit losbrechen soll, 'vorher gesühnt' (procurirt) werden muss[1]. Diese Sühne besteht ursprünglich in der Auslieferung des Schuldigen an die Gottheit; später werden Ersatzopfer dargebracht. Ferkel- oder Lammblut wird in die Erde gegossen, wo die chthonischen Mächte hausen. Die zu Entsühnenden werden mit dem Blute des Opfertiers besprengt und dadurch wird symbolisch an ihnen die Opferhandlung vollzogen[2]. Ein

[1] Ein solches Sühnlied ist auch das Hyporchem Pindars (fr. 107) auf die Sonnenfinsternis in Theben, das offenbar nicht ohne äusseren Anlass, sondern auf Bestellung gefertigt ist, um vermittelst des von Jungfrauen oder wie immer vorgetragenen Bittliedes das πάγκοινον τέρας oder vielmehr seine schlimmen Folgen (V. 9ff.) von der Stadt abzuwenden. Ein mit dem sybillinischen Wesen noch enger verwandtes Lied (bei στάσις wie es scheint verfasst) ist das wunderschöne durch Wilamowitz (S. Nauck fr. tr.² XX) wiederhergestellte Mörenlied Κλῦτε Μοῖραι κτλ.

[2] Der Ritus der uralten, bis in die Zeit des „Euander" (d. i. griechische Uebersetzung von Faunus, vgl. Manes, Bona Dea und die genau entsprechenden Εὐβουλεύς und Εὐμενίδες der Griechen) reichenden Lupercalien (Plut. Rom. 21) zeigt die Symbolik der Substitution fast ganz rein. Man führte bei diesem Sühnfeste zwei Jünglinge vor, denen man mit einem Messer, das ins Opferblut getaucht war, die Stirn berührte, dann aber mit in Milch getauchter

zweiter eng mit dem Blutopfer zusammenhängender Ritus ist das Trankopfer, das bei chthonischem Cult in der

Wolle das Blut wieder abwischte, worauf sie lachen mussten. Weiteres im Comm. zu V. 64. Aus dieser Substitutionsbedeutung der Wolle und des Blutes ergibt sich die unendlich weitgreifende religiöse Symbolik beider: 1) Das Widderfell (Διὸς κῴδιον), auf dem der zu sühnende Mörder (Lobeck Aglaoph. 183 ff.), der Myste (s. Lovatelli *Bullettino comunale di Roma* VII [1879] tav. IV V), das Hochzeitspaar (s. S. 48[2]), der Orakelsuchende (Vergil Aen. VII 88) sitzt, die Wollbinden u. s. w., die bei allem lustralen und Totenwesen, Supplication u. s. w. zur Anwendung kommen, sind ohne Weiteres klar. 2) Die Farbe des Blutes erklärt die lustrale Verwendung der roten oder purpurnen Farbe (φοινός, φοῖνιξ vgl. φόνος). Daher das *flammeum* der nupta (Schol. Iuvenal. VI 225 *est enim sanguineum*) und der Flaminica Dialis (die auch ein purpurnes Kleid trug), sowie überhaupt der *pupureus amictus* beim römischen Opfer, wodurch die zu Entsühnenden als Substitute des blutigen Opfers bezeichnet werden. Vgl. Verg. Aen. III 405 u. A. Plin. Nat. h. IX 127 (purpura) *dis advocatur placandis*. Für griechischen Brauch vgl. Aesch. Eum. 1029; [Lys.] 6, 51; Plut. Arist. 21. Endlich geht aus der lustralen Bedeutung der purpurnen Wolle und Wollfäden die apotropäische Verwendung hervor, wie sie die Kinder und Vornehmen in der Prätexta zur Schau tragen, während die Prätexta der Priester und Magistrate die ursprüngliche sacrale Bedeutung noch deutlicher bewahrt hat. Vgl. oben S. 51[4]. Am deutlichsten hat sich der Ursinn der weitverbreiteten Substitutionsceremonie in den phrygischen Taurobolien erhalten. Der Sühnebedürftige wurde hier in der Grube selbst mit dem Opferblut überschüttet, um die Zugehörigkeit zur χθὼν deutlich zu machen. (Auf die Taurobolien oder ähnliche Sühnungen scheint sich auch die μυστικωτάτη τῶν τελετῶν des Proclus zu beziehen, die neulich Rh. Mus. 44, 451 berührt worden ist. Mit dem Spuk bei Horaz Epode 5 hat sie jedenfalls nichts gemein.) In dem abgeschwächten griechischen Sühnritus sitzt der zu Sühnende wenigstens auf der Erde Plut. de Is. et Os. 69 Ἀθήνησι νηστεύουσιν αἱ γυναῖκες ἐν Θεσμοφορίοις χαμαὶ καθήμεναι. de superst. 7 ἔξω κάθηται (ὁ δεισιδαίμων) σακκίον ἔχων (über die Verhüllung s. unten S. 122) . . . πολλάκις δὲ γυμνὸς ἐν πηλῷ κυλινδούμενος ἐξαγορεύει τινὰς ἁμαρτίας. (Weiteres Lobeck Aglaoph. 646)

Regel den Wein ausschliesst[1]. Diese nüchternen Spenden (νηφάλια) haben zunächst nur den Zweck das vergossene Blut abzuwaschen, wie der S. 69[2] angeführte Lupercalienritus noch deutlich zeigt, sodann aber lindernd auf den Zorn der Unterirdischen einzuwirken. Daher werden neben reinem Quellwasser, welches das Blut abwaschen soll, gern Milch, Honig, Oel als μειλίγματα hinzugefügt[2]. Diese χοαί werden auf das Feuer geschüttet, welches das Opfertier (σφάγιον) vollständig verzehrt hat; denn bei der eigentlichen Sühnung gehört das ganze Opfer den Unterirdischen, es darf nichts davon gegessen werden. Der Opferritus selbst besteht darin, dass Tiere von dunkler Farbe (ursprünglich Schafe) mit zur Erde geneigtem (nicht zum Himmel emporgerecktem) Kopfe eingeschnitten werden, so dass das Blut zur Erde strömt. Dafür ist der sacrale Terminus ἐντέμνειν (ἔντομα), τέμνειν herkömmlich[3].

Eine weitere Abschwächung besteht darin, dass der Sünder eine sitzende Stellung einnimmt, wie die bei Lovatelli a. O. vereinigten Bildwerke deutlich zeigen. Für römischen Cult vgl. Macrob. Sat. I 10, 21 *huic deae* (Opi) *sedentes vota concipiunt terramque de industria tangunt.*

[1] Aber nicht immer, s. Stengel Hermes XVI 350 XVII 329 ff., *griechische Cultusaltert.* S. 72 ff. der sich überhaupt um die Feststellung und Erklärung der Opfergebräuche sehr verdient gemacht hat. Vgl. auch seine Aufsätze Hermes XXI 307. XXII 86. Z. f. ö. Gymn. W. 1880, 737 ff. und Jahrb. f. cl. Phil. 1886, 377 ff. Einen hübschen Beleg für das späte und eigentlich widersinnige Eindringen der Weinspende in diese Culte liefert die Cultsprache (*lac, mellarium*) und Cultlegende der Bona Dea.

[2] Aesch. Pers. 612. Soph. Oed. C. 481 beim Eumenidenopfer: ὕδατος, μελίσσης μηδὲ προσφέρειν μέθυ. Ueber die Bedeutung des Oels s. unseren Commentar zu V. 65. S. 120.

[3] Schol. Apoll. Rhod. I 587 zu ἔντομα. κυρίως τὰ τοῖς νεκροῖς

Blut- und Trankopfer gehören also nach dem ursprünglichen Sinne dieser Ceremonien eng zusammen wie Sünde und Sühne[1]. So hat auch, wie es scheint, in der Opfersprache eine Uebertragung stattgefunden, insofern τέμνειν auch von dem Darbringen der Libation verstanden wird. Wie Euripides Hel. 1235 σπονδὰς τέμωμεν, so sagt noch kühner Empedokles in den Katharmoi 441 (s. Hermes XV 173):

> κρηνάων ἀπὸ πέντε ταμὼν ἐν ἀτειρέι χαλκῷ
> χεῖρας ἀπόρρυψαι.

Aristoteles erklärt dieses ταμεῖν in der Poetik c. 21. 1457b 13 mit ἀρύσαι, weil sowol das Schöpfen als das Abschneiden ein Wegnehmen sei (ἀφελεῖν τι). Das ist nicht Willkür, wie man sie dem sprachkünstelnden Empedokles

---

ἐναγιζόμενα διὰ τὸ ἐν τῇ γῇ (lies εἰς τὴν γῆν) αὐτῶν ἀποτέμνεσθαι τὰς κεφαλάς. οὕτω γὰρ θύουσι τοῖς χθονίοις, τοῖς δὲ οὐρανίοις ἄνω ἀναστρέφοντες τὸν τράχηλον σφάζουσιν.

[1] Ausser dem Ritus der Lupercalien ist namentlich ein merkwürdiges Beispiel chthonischer Libation belehrend, das Servius z. Aeneis V. 78 überliefert: *feminae quae mortuos prosequuntur ubera tundunt, ut lac exprimant* (d. i. νηφάλια), *cuncti autem se lacerant, ut sanguinem effundant* (d. i. ἔντομα); vgl. das *mulieres genas ne radunto* der XII Tafeln (S. 154 Schöll). Zweck ist natürlich Besänftigung der μῆνις der Toten, wie bei den Gladiatorspielen. Dies wusste noch Varro, aus dem vermutlich das obige und bezeugtermassen (aus IV de vita p. r.?) das folgende stammt bei Serv. III 67 (Interp.) *Varro quoque dicit mulieres in exsequiis et luctu ideo solitas ora lacerare, ut sanguine ostenso inferis satisfaciant quare etiam institutum est, ut apud sepulcra et victimae caedantur. apud veteres etiam homines interficiebantur, sed mortuo Iunio Bruto cum multae gentes ad eius funus captivos misissent, nepos illius eos, qui missi erant, inter se composuit, et sic pugnaverunt. et quod muneri missi erant, inde munus appellatur. sed quoniam sumptuosum erat et crudele victimas vel homines interficere, sanguinei coloris coepta est vestis mortuis inici.*

wol zutrauen möchte, sondern der Dichter bewegt sich in diesem Sühngedichte, wie man überall sieht, in den hergebrachten Vorstellungen und Wendungen der Lustralsprache. Das Schöpfen des Weihwassers wird parallel gesetzt mit dem Schöpfen des Blutes, d. h. dem ταμεῖν des Opfertieres. Denn das Besprengen mit Blut ist in allen diesen chthonischen Riten das Allerwichtigste, wie auch in dem Protokoll des Augusteiischen Säcularfestes das Bespritzen des Altars mit Blut neben dem ὁλοκαυτεῖν ausdrücklich hervorgehoben wird. So ist also auch der sibyllinische Vers zu verstehen

νηφαλίων ἀρνῶν τε ταμὼν χθονίοις τάδε ῥέζον.

Τέμνειν bezieht sich demnach, das ergibt der ganze Zusammenhang, auf die νηφάλια so gut wie auf die σφάγια. Schwierigkeiten macht nur der Genetiv. Zwischen τὴν γῆν τεμεῖν und τῆς γῆς τεμεῖν ist ja ein grosser Unterschied, aber der partitiven Auffassung scheint sich das sachliche Bedenken entgegen zu stellen, dass dies chthonische Opfer nicht teilweise, sondern völlige Verbrennung (ὁλοκαυτεῖν) fordert. Die Lösung bringt eine auch syntaktisch übereinstimmende, von Bücheler *Umbrica* 138, 41 dem Verständnis erschlossene Cultanweisung der Iguvinischen Tafeln. Das Brandopfer vollzieht sich nach und nach; es wird immer nur ein Teil des Weihetrankes und des Opfertieres den Flammen übergeben, bis schliesslich alles verzehrt ist[1]. Man sieht, unser Verfasser lebt und webt ganz

[1] Der Text lautet in der Bücheler'schen Uebersetzung *struiculae fitillae suffafiae commolito, cupide poscae restinguito, integris commolitis supplicato.* An der Richtigkeit der Deutung ist kaum zu zweifeln.

in seinem Cultkreise, und da er für Wissende schreibt, so kümmert ihn die gemeine Deutlichkeit wenig[1]. Wie unbestimmt ist in jenem Verse auch τάδε ῥέξον! Aber dieses Pronomen wird überhaupt hier in barbarischer Ueberfülle verwendet. Es bezeichnet gewöhnlich die vorliegenden Prophezeihungen oder Opferanweisungen V. 2 τάδ' ἐνὶ φρεσὶν αἴ κε νοήσῃς (ähnlich 57), V. 16. 42. 62 τάδ' ἔρδειν, V. 44 ἐς τόδ' (nemlich ἱερόν), V. 59 τόδ' (das geschilderte Prodigium); es steht einfach zurückweisend wie οὗτος V. 20 αἵδε φερόντων, V. 55 οἵδε τιθέντων, den Begriff αὐτός (*idem*) verstärkend V. 38 f. ὅστις . . . ἄρταμος αὐτὸς ὅδ' ἔσται. Auch αὐτός wird öfter sonderbar verwendet: in V. 11 παμφύλων πόλεών τε καὶ αὐτῶν bedeutet es soviel als ὑμῶν αὐτῶν; ähnlich V. 19 und V. 59 ἐπ' αὐτοῖς *vobis viventibus*, indem die Leistungen zu Lebzeiten der Angeredeten im Gegensatz zu den ständigen Opfern (ἔμπεδα V. 19) oder denen einer späteren Zeit (59) gesetzt werden. Man darf diesen Misbrauch der Pronomina als ganz ungriechisch bezeichnen. Auch den Gebrauch von ἐφ' ὕστερον (= ὕστερον) V. 59 wüsste ich durch keine griechische Analogie zu rechtfertigen; die Römer sagten freilich in diesem Sinne *ad postremum* schon zu Plautus Zeit.

Das umbrische *pone*, das mit *posca* wiedergegeben wird (πῶμα), ist eben der Weihetrank, das νηφάλιον, mit dem jedesmal das verbraunte Stück begossen wird. Vgl. Fabius Pictor fr. 16 S. 26, 33 Peter.

[1] So versteht man erst nach längerem Nachdenken, was das ἔξω V. 42 bedeuten soll, das gänzlich aus dem Zusammenhang herauszufallen scheint. Es ist eine Brachylogie für ἔξω ἔστω, an der sich der in römische Cultsprache Eingeweihte nicht besonders stösst. Denn der alte Ruf des Lictors bei gewissen Festen lautete: *hostis, vinctus, mulier, virgo exesto* (Festi Epit. S. 82, 8 M.).

Wir erinnern uns jetzt, dass wir oben in dem Worte Ἀχαϊστί (S. 55) eine entschieden römische Anschauungs- und Ausdrucksweise fanden. Sollte der Verfasser etwa Römer sein? Einem solchen würde man am ehesten auch einige andere schwere Verstösse gegen Sprachreinheit und Sprachgefühl zu gute halten, die uns hier überraschen. Die Sibylle nennt ihre eigenen Augen liebreizend ἱμερτά ὄσσε V. 66, was namentlich in dem dortigen Zusammenhange eine plumpe Geschmacklosigkeit ist, entschuldigt nur durch den Zwang der Akrostichis, die auch den späten Verfasser der ABC-Hymnen auf Dionysos und Apollon (Anthol. IX 524) bei dem Buchstaben I auf das Epitheton ἱμερτός geführt hat.

Römischem Sprachgebrauche mehr als griechischem entspricht auch V. 28

λήθην δ' Ἑλλήνεσσι πεσεῖν πόλεώς τε καὶ αὐτῆς.

Der Sinn dieser misverstandenen Stelle[1] kann nur sein „die Vernachlässigung der Stadt und der Göttin möge bei den Hellenen aufhören". πεσεῖν hat sich in dieser Bedeutung aus dem Gegensatze zu ὀρθὸν ἑστάναι (vgl. Sophokles Oed. R. 50) entwickelt. So heisst Βορέαο πεσόντος (Homer ξ 475, ähnlich τ 202) „als der Wind sich gelegt hatte", wie der Zusammenhang lehrt. Aber dieser Gebrauch ist im Griechischen nicht weit ausgedehnt; namentlich in metaphorischer Beziehung mangelt es an Beispielen. Zu vergleichen ist etwa Aischylos Septem 779 πέπτωκεν

---

[1] Dies Misverständnis kann nicht Wunder nehmen, da jeder zuerst πεσεῖν wie ἐμπεσεῖν fassen wird.

ἀνδρῶν ὀβρίμων κομπάσματα. Bei den Römern dagegen hat sich *cadere* in der Bedeutung des Aufhörens in besonders reichhaltiger Phraseologie entwickelt. Von den mit den griechischen Beispielen übereinstimmenden Wendungen aus, wie *caderent austri* (d. h. *flare desinerent*) bei Vergil (Georg. I 354) und *ceciderunt murmuris aurae* (Ecl. 9,58), hat sich auf übertragenem Gebiete ein Reichtum von Phrasen gebildet: *ira cadit* (Ovid und Lucan), *spes cadit* und *timor cadit* (Ovid), selbst in Prosa bei Cicero Offic. II 13, 45 *tua laus pariter cum re publica cecidit.* Aehnlich wird *iacere* verwandt *morte iacent merita* (Ovid Fasti III 707) und bei Cicero wiederum *studia iacent* und so insgemein (Nägelsbach *Stilistik* § 127). Der griechische Ausdruck ist bis jetzt gar nicht verstanden worden: im Lateinischen würde *oblivio cadit* schwerlich auch nur Anstoss erregt haben.

Diese Eigentümlichkeiten der Diction[1] sind natürlich in einem Gedichte weniger hervorstechend als die Latinismen der römisch-griechischen Kanzleisprache, wie wir sie in Virecks Sammlung vom Beginne des zweiten Jahrhunderts an verfolgen können. Man kann daher zweifeln, ob ein Römer oder romanisirter Grieche als Urheber zu denken ist: jedenfalls ist das Orakel nicht in Griechenland, nicht in Cumae, sondern in Rom verfasst worden von einem Manne, der des *ritus graecus* kundiger war als des *sermo graecus.*

---

[1] Ich könnte als Latinismus etwa noch anführen ὑμετέρᾳ γνώμῃ V. 15 (vgl. Viereck *Sermo graecus quo S. P. Q. R. usi sunt.* Gottingae 1888 S. 62).

VIII.

Ausser der weitläuftigen Anweisung der Procuration bergen die Sprüche auch einen Hinweis auf den Anlass der Sühnung. Die Prodigien gelten ja nur als Vorboten eines viel schrecklicheren Unheils, das über das Vaterland hereinbrechen wird. Wie der Privatmann durch Vorzeichen auf seinem Eigentume gewarnt wird, so erhält der Staat durch die auf dem ager publicus[1] und in den heiligen Bezirken vorfallenden Wunderzeichen die Verkündigung schwerer Heimsuchung. Beiden, dem Privatmanne wie dem Staate, liegt in solchem Falle die Sorge ob, den Zorn der Götter zu versöhnen. Das Unabwendbare lässt sich dadurch nicht abwehren, aber jedenfalls wird eine Erleichterung herbeigeführt[2]. Dadurch nun, dass die Seherin auf das dem Vaterlande drohende Verderben wenigstens anspielt, gewinnen diese Sibyllinen historische Bedeutung, ja es lässt sich vielleicht daraus eine chronologische Bestimmung der Abfassungszeit gewinnen, die selbstverständlich mit der ersten Anwendung des Orakels zusammenfallen muss.

Der historische Kern des ersten Orakels ist in dem Hauptstücke enthalten, dem Bittgesange der Jungfrauen (V. 27. 28):

---

[1] S. Mommsens *Epistula* in Jahns Obsequens S. XVIII ff.

[2] Cic. de div. II 9,24 *Sin autem certum est quid quaque de re quoque tempore futurum sit, quid est quod me adiuvent haruspices, ⟨si⟩ cum res tristissimas portendi dixerunt, addunt, ad extremum omnia levius casura rebus procuratis.* So möchte ich wegen des folgenden *enim* nach Madvigs Vorgang den lückenhaften Text herstellen.

ἐν πάτρᾳ εὐχέσθων μίμνειν πολέμου κρατέοντος,
λήθην δ' Ἑλλήνεσσι πεσεῖν πόλεώς τε καὶ αὐτῆς.

Der Sinn der ersten Verse ist klar. Die Göttin (Persephone) wird gebeten, trotz des drängenden Krieges in der Vaterstadt auszuharren. Die Befürchtung liegt also zu Grunde, dass die Göttin entweder freiwillig die Stadt verlassen oder durch fremden Bann evocirt werden könne. Auch diese Vorstellung zeigt, dass wir uns auf römischem Boden befinden. Denn obgleich auch die Griechen die Scheu hegen, ihre Götter möchten die von den Feinden eroberte Stadt verlassen (Aischylos Sept. 268; Sophokles fr.[2] 414 Nauck; Euripides Troad. 25[1]), so ist doch bei den Römern dieser Evocationsbegriff viel entwickelter, die Scheu vor Auswanderung der Götter allgemeiner verbreitet. Das Schicksal, das die Sibylle herannahen sieht, ist ein ausserordentliches. Die Vaterstadt ist in Gefahr, in die Hände der Feinde zu fallen. Und damit man nicht etwa an Cumae denke, Rom selbst ist gemeint, da ja die Hellenen vermahnt werden, ihre Lauheit fahren zu lassen und der Stadt um der griechischen Göttin willen zu Hilfe zu eilen. Für die historische Bestimmung des gefährlichen Augenblickes, wo die Kriegsnot übermächtig, Rom selbst bedroht, und griechische

---

[1] Dies als Ergänzung des von Lobeck Beigebrachten (Aglaoph. 275 f.). Schon Ilias Η 194 ff. spielt auf diesen Glauben an: τόφρ' ὑμεῖς εὔχεσθε Διὶ Κρονίωνι ἄνακτι σιγῇ ἐφ' ὑμείων, ἵνα μὴ Τρῶές γε πύθωνται, ἠὲ καὶ ἀμφαδίην ἐπεὶ οὔ τινα δείδιμεν ἔμπης (vgl. Teuffel *Studien und Characteristiken*[2] 90). Aber der religiöse Gedanke ist hier wie fast die ganze gräco-italische Urreligion im höfischen Epos verblasst.

Hilfe erwartet wurde, empfiehlt es sich, wenn man nicht mit unsicherer Hand die Jahrhunderte abtasten will, von der Tradition der Prodigien auszugehen.

Die römischen Sacralinstitutionen auch der späteren Zeit sind wie die politischen Einrichtungen nach der römischen Legende uralt. Wenn auch nicht alles auf einmal gewachsen ist, so hat doch die Sage jedem Könige wenigstens ein Stück gegeben, und so gilt die Einrichtung des Sibyllenorakels und des diesen Schatz behütenden Duumvirats als ein Werk des letzten Königs. Wir hören noch einmal von der Umwandlung des Duumvirats in den Decemvirat in Folge des Plebejersieges (367; Liv. VI 37), dann von der Erweiterung desselben zum XV virat unter Sulla. Im Uebrigen herrscht bei den Römern die von der Klerisei stets geflissentlich erhaltene Meinung vor, als ob alle Promulgationen der Sacralbehörde aus den drei alten Büchern der Sibylle erfolgten, und als ob die nach dem Brande des J. 83 erschienenen Orakel der Sibylle auf Abschriften der capitolinischen Ursammlung oder sonstiger mit der altrömischen identischen Sammlungen beruhten. Auch die Neueren nehmen in der Regel an, alle promulgirten Orakel hätten seit der Königszeit auf dem Capitol gelegen. Wer aber mit kritischem Blicke die Geschichte der sibyllinischen Procuration verfolgt, muss zu der Ansicht kommen, dass diese „Pandorabüchse“[1] erst sehr allmählich gefüllt worden ist.

Dafür spricht schon die Analogie des von Tacitus

[1] Mommsen R. Staatsr. III 2, 1061.

Annal. VI 12 berichteten Vorganges unter Tiberius, wo ein *liber Sibullae* officiell der Sammlung der XV viri eingefügt worden ist[1]. Ferner erinnere ich an die Marcianischen Orakel, die ja auch auf Antrag des Senats nach Prüfung der Sachverständigen ohne Weiteres aufgenommen wurden, obgleich ihr moderner Ursprung auf der Hand lag.

Aber die allmähliche Vermehrung des Gnadenschatzes lässt sich mit einiger Wahrscheinlichkeit auch auf anderem Wege darthun. Die Sibyllensprüche blieben verschlossen, ihre Wirkung aber, die Procurationen, liegen in der Chronik verzeichnet vor. So zeigt die geschichtliche Entwickelung der griechischen Bussfeste in Rom zugleich die Entwickelung des Sibyllenwesens aus kleinen und unbedeutenden Anfängen bis zu der tief- und weitgreifenden Organisation des dritten und zweiten Jahrhunderts.

Die bekannte Legende setzt die Ankunft der cumanischen Sibylle unter den letzten König. Dem steht freilich ein inneres Bedenken entgegen. Wie sollen die Cumaner dazu kommen ihre Sprüche an Rom auszuliefern? Es bestanden ja unter Tarquinius die besten Beziehungen zu jener Stadt und ihrem Tyrannen Aristodemos. Was Dionys IV 62, 7 von Rom sagt οὐδὲν οὕτω Ῥωμαῖοι φυλάττουσιν οὔθ' ὅσιον κτῆμα οὔθ' ἱερὸν ὡς τὰ

[1] Der Kaiser, der den Sibyllenschwindel durchschaute (vgl. Tacitus Ann. I 76), beanstandete trotzdem nicht die Einfügung. Er monirte nur die geschäftswidrige Behandlung der Sache (s. Mommsen a. O.), wobei er mir aber im Unrecht zu sein scheint.

Σιβύλλεια θέσφατα, das gilt natürlich noch mehr von Cumae, wo der Sibyllencult ganz anders im Mittelpunkte des Gemeinwesens stand. Wie sehr man die heiligen Sprüche in jenen Zeiten als Palladium betrachtete, lehrt die Geschichte des Orakelraubes durch Kleomenes (Herodot V 90). Es erscheint mir daher ganz unglaublich, dass die Cumaner damals irgendwie sich ihrer Orakel entäussert haben sollen. Vorausgesetzt also, was wir doch annehmen müssen, dass ehemals in Cumae heilige Sprüche aufbewahrt wurden, so ist das Auftauchen der Sibyllinen in Rom durch denselben frommen Betrug zu erklären, durch den Rom und viele andere Städte in den Besitz des troischen Palladiums kamen. Man verfertigte eben eine Nachahmung und erfand eine schöne Legende, die für gläubige Gemüter die Echtheit garantirte, ein Kunstmittel durch welches es ja auch gelungen ist 20 Städte mit dem heiligen Rocke Christi auszustatten. Aber das darf man in der Cultlegende wohl als historisch hinnehmen, dass gegen Ende des sechsten Jahrhunderts griechische Orakel verfertigt und unter dem Namen der hochberühmten cumanischen Sibylle zum Vorschein gebracht worden sind. Denn die erste Anwendung sibyllinischer Procuration im J. 496 zur Zeit von Kriegs- und Hungersnot, welche den vom Dictator A. Postumius geweihten Tempel der Ceres, des Liber und der Libera d. h. der chthonischen Göttertrias Demeter, Kore und Dionysos zur Folge hatte[1],

[1] Dionys VI 17,4 Tacitus II 49. Das Datum war controlirbar durch die griechischen (sicilischen) Künstler, die den Tempel bauten (Plin. N. H. XXXV 154).

lässt mit Sicherheit die Existenz der Sprüche schon zur Königszeit voraussetzen. Es ist ausserdem anzunehmen, wenn auch keine Kunde davon erhalten ist, dass die erste Procuration des sibyllinischen Cultes sich auf Apollo bezogen habe (s. S. 51); und in der That bestand schon vor dem Jahre 450, wenn man einer beiläufigen Bemerkung des Livius Glauben schenkt, ein *Apollinare* auf den Flaminischen Wiesen, wo sich später der Apollotempel erhob[1]. Von der Wirksamkeit des sibyllinischen Institutes hören wir im fünften Jahrhundert wenig und wenig Verlässliches. Das Orakel im J. 462 (Liv. III 10, Dion. IX 67) ist mit Recht von Niebuhr (R. G. I[3] 562[1120]) beanstandet worden[2]. Dionys X 53 hebt in jenem Zeitraum besonders das grosse Sterben des J. 453 hervor. Aber trotz der fürchterlichen Ausdehnung der Gottesplage iest man nichts von besonderen Vorkehrungen oder Sühnmitteln. Die im J. 436 unter Prodigien wiederkehrende Seuche (Liv. IV 21, 5) erfordert nichts weiter als eine einfache *obsecratio*. Erst im J. 433 hören wir wieder von einer sibyllinischen Sühnung, die mit der ersten sich vergleichen liesse. Die Duumvirn schlagen eine Reihe von Procurationen vor, vor allem den Bau des Apollotempels[3], der denn auch 431 geweiht wird.

---

[1] Liv. III 63, 7. Das von O. Müller in Varro de l. l. V 52 hineincorrigirte *Apollinar* ist mit Recht von Studemund (Philologus 48, 174) aufgegeben worden.

[2] Auch deutet der *dictator clavi figendi causa*, den Mommsen R. Chronol. [2]176 damit in Verbindung gesetzt hat, auf andere als griechische Sühnung hin.

[3] Liv. IV 25, 3 *aedis Apollini pro valetudine populi vota est.*

Erst das folgende Jahrhundert zeigt eine ausgedehntere Wirksamkeit dieses Magistrates und eine Vermehrung der bei dergleichen Gelegenheiten geforderten Leistungen[1]. Die Pestilenz des J. 399 bürgert die griechischen Götterbewirtungen ein; die Duumvirn richten drei Polster für Apoll-Latona, Herkules-Diana, Merkur-Neptun her (Dionys XII 9. Liv. V 13, 5ff.). Dieser für die Folgezeit so wichtige Brauch muss also damals durch sibyllinische Anordnung neu eingeführt worden sei. Denn hätte bereits vordem ein Orakel auf dem Capitol gelegen, das griechische Theoxenien bei Pestilenzen als Procuration empfohlen hätte, so begriffe man nicht, warum die früheren grossen Seuchen nicht ebenso gesühnt worden wären wie die des vierten Jahrhunderts 399, 392 (Liv. V 31), 363 (Liv. VII 2). Aber nichts nutzt sich schneller ab als Sühnmittel. Bereits beim dritten Male (363) erwiesen sich die pulvinaria als zu schwach. Man musste zu kräftigerem Götterzwange greifen, und da die Sibylle keinen Rat wusste, so wandte man sich an die Etrusker. Diese sandten die berühmten Schauspieler, womit die scenische Kunst in Rom eingeführt ward (Liv. VII 2, 3). Dagegen für die Seuche des J. 348 (Liv. VII 27) genügen wieder die sibyllinischen Lectisternien. Im folgen-

multa II viri ex libris placandae deum irae avertendaeque a populo pestis causa fecere.

[1] Bemerkenswert ist, dass auch Karthago damals nach der Niederlage in Sicilien (Ol. 96, 1. 396), als die afrikanischen Bundesgenossen den Abfall drohten, den bewährten griechischen Ritus des Demeterdienstes einführten mit einheimischem und griechischem Priesterpersonal wie in Rom (Diodor XIX 77, 4).

den Jahrhundert ist dieser Cult bereits gemein und für grössere Plagen wirkungslos geworden[1]. Denn im J. 293, als wiederum schwere Pestilenz die Stadt jahrelang drückte, wandte die Sibylle ihre Auge auf Griechenland selbst, wo gerade jetzt der Asklepioscult im höchsten Flore stand. Und so hielt der Epidaurische Gott seinen Einzug in Rom.

Die regelmässige Berichterstattung der Prodigien beginnt mit dem ersten punischen Kriege. Der erste plebejische Pontifex Maximus Tib. Coruncanius (Liv. Per. 18) hat zuerst die Veröffentlichung dieser Geschehnisse auf der weissen Tafel angeordnet, vermutlich mit dem Unglücksjahre 249 beginnend, in welchem die erste Säcularfeier begangen worden zu sein scheint[2]. Aber Zwitterprodigien werden vor dem Hannibalischen Kriege nicht gemeldet, und Procurationen derselben finden wir in den Fasten nicht verzeichnet.

Dies blieb dem hannibalischen Kriege vorbehalten, der das ganze Staatswesen und das ganze Gemüt des Volkes in seinem Grunde erschütterte. Diese furchtbare Zeit bildet unzweifelhaft den Höhepunkt der Prodigiensuperstition. Polybios, der wie der ganze Kreis des Panaitios über solchen Aberglauben erhaben ist und sonst keine Notiz von diesen Dingen nimmt, spricht nach der Schlacht von Cannae die denkwürdigen Worte (III 112,6):

---

[1] Das Genauere hierüber s. bei Luterbacher *Prodigienglaube und Prodigienstil der Römer* (Burgdorf 1880) 4°. S. 23. Diese fleissige Abhandlung ist sprachgeschichtlich und antiquarisch recht befriedigend, aber ohne historische Anschauung.

[2] S. Bernays Ges. Abh. II 307. Mommsen R. Chronol.[2] 180.

„Damals hatten alle ihre Orakel im Munde, jeder Tempel, jedes Haus war voll von Zeichen und Wundern. Gelübde und Opfer, Supplicationen und Obsecrationen beherrschten die Stadt. Denn die Römer verstehen sich darauf, Götter und Menschen zu versöhnen, und sie achten in solchen Zeiten nichts für unziemlich und unanständig, was zu diesem Zwecke veranstaltet wird.“ Es war offenbar damals in Rom wie zu gewissen Zeiten des Mittelalters eine Art religiöser Epidemie ausgebrochen, die sich gegenüber dem von Jahr zu Jahr schwerer hereinbrechenden Unglück zu immer fanatischeren Sühnungen hinreissen liess. Abgesehen vou all den mannigfaltigen Prodigien und Procurationen gewöhnlicher Art (wie Lectisternien Liv. XXI 62, XXII 10) waren schon im J. 218, um eine möglichst wirksame Feier der Lectisternien zu ermöglichen, auch der Freigelassenen Söhne und Töchter zum Opferkasten zugelassen worden[1]. Im folgenden Jahre nahm man bereits zu dem aussergewöhnlichen, das Menschenopfer ersetzenden Ver sacrum seine Zuflucht[2], endlich i. J. 216 verstand man sich dazu den Unterirdischen ein wirkliches Menschenopfer lebendig darzubringen[3]. Und doch war dies eine von der Sibylle empfohlene Procuration. Nie-

---

[1] Liv. XXI 62. Macrobius Sat. I 6, 13, wo statt *II viros* zu lesen ist *X viros*.

[2] Liv. XXII 10. XXXIII 34, 1. XXXIV 44, 6.

[3] Liv. XXII 57, 4 *interim ex fatalibus libris sacrificia aliquot extraordinaria facta: inter quae Gallus et Galla, Graecus et Graeca in foro bovario sub terra vivi demissi sunt in locum saxo consaeptum, iam ante* (nemlich 226) *hostiis humanis, minime Romano sacro, imbutum.*

buhr meint bei dieser Gelegenheit (I [3]564), Orakel, die solche Grausamkeit vorschrieben, könnten nicht griechischen Ursprungs sein. In der That haben die Hellenen von Aischylos an (Agam. 149) das Menschenopfer als ein ἄνομον καὶ βάρβαρον betrachtet. Ebenso hält es Livius für unrömisch: *minime romano sacro* (vgl. Cicero pro Fonteio 14, 31). Aber in der Not wird unbedenklich zum ursprünglichen und eigentlichen Sühnmittel gegriffen, bei den Römern und Griechen, bei den Kelten und Germanen und überall. Auch haben die Römer i. J. 216 sich nicht zum ersten Male zu solcher Grausamkeit entschlossen. Schon die Bestimmung des Orakels *Gallus et Galla* lässt vermuten, was Livius ausdrücklich berichtet, dass jene furchtbare Procuration bereits vorher, und zwar, wie Plutarch Marcellus 3 lehrt, im J. 226, als der Gallierkrieg drohte, auf sibyllinische Weisung vollzogen worden ist. Welche Veranlassung die Sibylle hatte, auch ein Griechenpaar opfern zu lassen, ist nicht durchsichtig. Denn da sich die Nationalität des Opfers auf ein gerade im Kriege befindliches Volk bezieht[1], so kann man zwar etwa für 216, wo Hierons Sohn Gelon nach der Schlacht von Cannae zu den Karthagern abgefallen war[2], sich eine Veranlassung denken, nicht aber für den Präcedenzfall des J. 226, wo mit allen Griechen freundlichste Be-

---

[1] Plin. N. H. XXVIII 12. *Boario vero in foro Graecum Graecamque defossos aut aliarum gentium, cum quibus tum res esset, etiam nostra aetas vidit. cuius sacri precationem qua solet praeire XVvirum conlegi magister siquis legat, profecto vim carminum fateatur, omnia ea adprobantibus octingentorum triginta annorum eventibus.*

[2] Liv. XXIII 30, 10.

ziehungen unterhalten wurden. Man darf vielleicht annehmen, dass das *Graecus et Graeca* durch früheren Vorfall typisch geworden (s. S. 43[2], 44) und dann mit Zähigkeit neben den anderen wechselnden Nationalitäten festgehalten worden ist, wofür auch die angeführte Pliniusstelle spricht.

Aber selbst bei diesen gewaltigen Sühnopfern beruhigte sich das zum äussersten gebrachte Volksgemüt noch nicht. Wir hören, dass auch Delphi nach der Schlacht von Cannae um Rat gefragt wurde, dass endlich die alte Stimme des römischen Sehers Marcius sich in der Bedrängnis vernehmen liess (s. S. 7. 55[1]). Eine neue Art der Sühnung, die Ludi Apollinares, knüpft an diese gefälschten Orakel des Marcius an.

Diese orientirenden Bemerkungen werden genügen, um die Wege zu weisen, auf denen man der Entstehungszeit der beiden Phlegontischen Orakel auf die Spur kommen kann. Auch die Procurationen, das lehrt die gegebene Uebersicht, haben ihre Geschichte. Sie tauchen auf, gelten eine Zeitlang für besonders wirksam, um bald gewöhnlich zu werden und anderen kräftigeren Platz zu machen. Wo daher eine bestimmte griechische Procuration neu und epochemachend in der Stadtchronik auftritt, da greift offenbar eine neuedirte Sibyllenanweisung in die sacrale Entwickelung ein, da haben wir den Ursprung des Orakels anzunehmen. Ein zweiter Weg geht aus von den etwaigen politischen Anspielungen oder Voraussetzungen, die ja in den wenigsten dieser umfangreichen Weissagungen fehlen können. Trifft eine ungezwungene Deutung dieser actuellen Andeutungen mit dem durch die Geschichte der Procurationen ermittelten Termine zusammen, so darf man versichert sein, das Richtige nicht verfehlt zu haben.

Im J. 214 berichtet die Chronik den ersten Fall von Hermaphroditismus[1]. Es ist ja undenkbar, dass dergleichen vorher nicht ebenso häufig wie später sollte bemerkt worden sein; aber die Annalen berichten nichts davon. Jetzt in der Angst des hannibalischen Krieges, ward auch das kleinste Prodigium beachtet, angezeigt, procurirt: die etruskische wie die griechische Kunst ward um den Zwitter von Spoletum bemüht. Die Haruspices procurirten mit Opfern, die Sibylle[2] mit Supplication an die pulvinaria der griechischen Gottheiten. Daraus ergibt sich, dass in den damals vorhandenen Sibyllenorakeln dieser Fall nicht besonders betont, nicht besonders procurirt wurde. Denn die Lectisterniensupplication war ja die alte, längst abgenutzte und stehend gewordene sibyllinische Regel[3], die keine ausserordentliche Sühne darbot. Aber die widrige Zwittergeburt wiederholte sich schon nach 5 Jahren in Sinuessa (209 Liv. XXVII 11, 4). Hier genügt die Regel nicht mehr; die Decemvirn fügen den *hostiae maiores* und der *supplicatio circa omnia pulvinaria* (also der Procuration des J. 214) eine eintägige *obsecratio* hinzu und als etwas modernes die

[1] Liv. XXIV 10, 10 *ex muliere Spoleti virum factum.*

[2] Dass diese Sühnung sibyllinisch ist, erkennt man jetzt leicht aus dem früher Bemerkten. Vgl. ausserdem Liv. XXI 62. XL 19, 5 (XXVII 11, 6).

[3] Liv. XXXVI 1, 2, XLII 30, 8. Vgl. S. 85.

Ludi Apollinares, die vor drei Jahren (212) auf Grund der Marcianischen Weissagungen eingeführt worden waren. Im J. 208 war auch dies eine alte Sache. Denn von nun an wurden die apollinarischen Spiele stehend, und die Decemvirn mussten neues und ausserordentliches ersinnen, als im folgenden Jahre (207) wiederum ein doppelgeschlechtiges Wesen entdeckt worden war, der dritte Fall in so kurzer Zeit. Das muss ein ungewöhnliches Aufsehen erregt haben, zumal auch andere Prodigien vorhergegangen und ohne Erfolg procurirt worden waren; die Annalistik behandelt diesen Zwitter von Frusino als epochemachend (Liv. XXVII 37, 5). Die äussere Lage war auch damals (Beginn des J. 207 [1]) noch verzweifelt genug. Nachdem Hannibal im vorigen Jahre beide Consuln geschlagen hatte und Marcellus gefallen war, kam zu allem Unglück auch noch die Schreckenspost, dass Hasdrubal die Alpen überstiegen habe. Man hatte unter diesen Umständen das Schlimmste zu befürchten und neue, unerhörte Anstrengungen mussten gemacht werden, um den so schrecklich geoffenbarten Zorn der Götter wirksam zu besänftigen. Die Sühnceremonie wird als etwas durchaus neues und bedeutsames von Livius den Annalen

---

[1] Denn die eingelaufenen Prodigienberichte werden gleich nach Amtsantritt der Consuln geprüft und gesühnt (Mommsen R. Staatsr. III 1060). Das ist wegen des Verständnisses der politischen Anspielung wichtig. Vgl. Liv. XXVII 38, 1 *deis rite placatis dilectum consules habebant acrius intentiusque, quam prioribus annis quisquam meminerat habitum. nam et belli terror duplicatus* *novi hostis in Italiam adventu* *et minus iuventutis erat, unde scriberent milites* u. s. w.

nacherzählt (XXVII 37, 5), und wir sind in der Lage die Identität der Procuration mit dem Inhalte unseres Orakels ganz unzweifelhaft festzustellen, wie oben dargelegt wurde [1].

Livius hält mit Recht für das Hervorstechendste in der langen Reihe von Ceremonieen das Lied der dreimal neun Jungfrauen, welches Livius Andronikus dichtete. In dem Originalbericht waren, wie Livius' Urteil andeutet [2], die ungefügen Saturnier des Jungfernliedes mitgeteilt, ein Beweis mehr für den Nachdruck, den die Zeitgenossen auf diese sacralen Lieder gelegt haben [3]. In der That hat ja auch diese Neuerung grosse Bedeutung nach vorwärts wie rückwärts. Denn die Römer eignen sich damit, nachdem die scenische Kunst bereits eingeführt und stehend geworden war, auch die Lyrik der

---

[1] Dabei ist wol zu beachten, dass Livius gewiss nur das Interessanteste aus dem natürlich auch nicht ganz vollständigen Annalenberichte mitteilt, und dass auch Phlegon oder sein Gewährsmann die sibyllinischen Verse lückenhaft und unvollständig ausgezogen hat.

[2] XXVII 37, 12 *tum septem et viginti virgines longam indutae vestem carmen in Iunonem Reginam canentes ibant, illa tempestate forsitan laudabile rudibus ingeniis, nunc abhorrens et inconditum, si referatur.*

[3] Vgl. Festus S. 333a 22 ff. *itaque cum Livius Andronicus bello Punico secundo scribsisset carmen, quod a virginibus est cantatum, quia prosperius res p. R. geri coepta est, publice attributa est ei in Aventino aedis Minervae, in qua liceret scribis histrionibusque consistere.* Auf einem Misverständnis dieser Notiz scheint die auch in neueren Darstellungen (Teuffel [5] 141. O. Ribbeck *G. d. röm. Dichtung* I 19) auftauchende Angabe zu beruhen, Livius habe in demselben Jahre 207 ein Danklied zu Ehren des M. Livius Salinator (Schlacht bei Sena) gedichtet. Denn der Nachsatz beginnt bei *quia*, das Jungfernlied ist das oben erwähnte.

Griechen an [1]. Wie einst Sparta schlimme Krankheit des Staates durch die sühnenden Gesänge auswärtiger Musiker bannte (Terpander, Thaletas), wie namentlich auch das Partheneion des Lyders Alkman nur in diesem Zusammenhange verständlich wird, so ist in Rom bei den folgenden Procurationen des Zwitterprodigiums, das sich natürlich noch unzähligemale wiederholte, das Jungfernlied stets das wirksamste Mittel geblieben, die *pax deum* [2] zu erlangen. Die Römer haben also erprobt, was Alkman singt: νεάνιδες εἰρήνας ἐρατᾶς ἐπέβαν. Mit Recht haben die dankbaren Bürger den Festsänger durch stattliche Privilegien geehrt und mit Recht hat Augustus bei der Wiederbelebung der Säcularfeier im J. 17 als schönsten Schmuck des Festes das erweiterte Partheneion eingelegt. Livius beschreibt als Merkwürdigkeit jener Jungfernprocession im Jahre 207 den Tanz des Chores auf dem Forum XXVII 37, 14: *per manus reste data virgines sonum vocis pulsu pedum modulantes incesserunt.* Dieser Seiltanz muss natürlich griechisch, apollinisch sein, wie der Charakter des Festes und des Liedes es mit sich bringt. Es ist daher auch nicht mehr zweifelhaft, wozu die Delier bei ihren Festen die bedeutenden Summen für λαμπάδες und ῥυμοὶ (Seile) εἰς τοὺς χορούς

---

[1] Die bisherigen *carmina* nationalen Ursprungs, von denen uns das *Enos Lases iuvate* eine genügende Probe gibt, müssen sich zu diesem nach griechischem Vorbilde verfassten Sühnlied verhalten haben etwa wie dieses selbst zu Horazens carmen saeculare.

[2] Liv. IV 30, 9. XXVII 23, 4. Jordan im Hermes XVI 236.

brauchen, die in den Rechnungen der ἱεροποιοί öfter erscheinen[1].

Griechisch also ist von Anfang bis zu Ende das neue Fest, das die Sibylle damals im Jahre 207 in den uns bei Phlegon erhaltenen Versen vorschrieb. Wie sollte man sich da wundern, dass der Griechen auch in dem Orakel selbst gedacht war? „Die Lauheit möge bei den Griechen aufhören, sie mögen der Göttin und der Stadt gedenken.“ So mahnt die Wahrsagerin V. 28, und nicht umsonst. Denn im hannibalischen Kriege haben sich zuerst, wie Polybios V 105, 4ff. hervorhebt, die griechischen Interessen mit Rom inniger verflochten. Schon durch das kraftvolle Auftreten den illyrischen Piraten gegenüber (229/228) hatten die Römer in Hellas Eindruck gemacht, und ihre Gesandtschaft war in Korinth und Athen mit der grössten Liebenswürdigkeit aufgenommen worden. Die Athener hatten sich sogar beeilt, ihnen Bürgerrecht und Mysterieneinweihung zu gewähren und obendrein einen Freundschaftsvertrag abzuschliessen. Aber die böse Zeit des hannibalischen Krieges kam dazwischen. Syrakus war abgefallen, Philipp von Makedonien als Gegner aufgetreten. Fabius Pictor war nach der Schlacht bei Cannae nach Delphi gesandt worden, gewis nicht blos in geistlichen Angelegenheiten. Angstvoll mussten damals die Römer auf ihre Freunde jenseits des Meeres hinblicken. Es kam auch in der That im J. 211, nachdem die Wiedereroberung Capuas die

[1] Robert hatte bereits durch Vermutung den Sinn der ῥυμοί gefunden (Hermes XXI 164). Ueber die λαμπάδες s. oben S. 47.

römische Sache wesentlich gebessert hatte, zum Anschlusse des aetolischen Bundes, worauf später auch andere griechische Staaten und König Attalos in das Bündnis eintraten. Aber es konnte hierdurch natürlich nur der Vorteil erreicht werden, Philipp von Italien abzuhalten, zumal die sogenannten Freunde Roms (Ptolemaios Philopator, Rhodos) lediglich eine Politik des Eigennutzes trieben und den Kampf zwischen Aetolern und Philipp beizulegen suchten (Liv. XXVII 30, 4). Der Propraetor Sulpicius, der zusammen mit Attalos und den Aetolern operirte, hatte auch keine Lorbern errungen, und so schloss das Jahr 208 mit einem Erfolge Philipps ab (Liv. XXVII 31). Man begreift also den Stossseufzer, den der Sibyllist nach Griechenland hinüber sendet, ohne dass die Anspielung die Hilfe der italischen und sicilischen Griechen, die freilich damals keine Rolle mehr spielte, ausschlösse.

Ich glaube also, dass die vage[1] politische Hinweisung der griechischen Seherin etwas mehr ist als leere Formel. Ich nehme an, dass, wie die Katastrophe von Cannae die Sprüche des Marcius erzeugte, so die ähnliche beängstigende Lage vor der Schlacht bei Sena unserem Sibyllisten zu seinem politisch bedeutsamen Orakel Veranlassung gegeben hat. Obgleich der Born der sibyllinischen Orakel nie versiegte und den Zeitumständen entsprechend bis

[1] Cicero charakterisiert die schielende Sprache eines zeitgenössischen sibyllinischen Orakelverfertigers de div. II 54, 110 so: *callide enim qui illa composuit perfecit, ut quodcunque accidisset, praedictum videretur hominum et temporum definitione sublata. adhibuit etiam latebram obscuritatis, ut idem versus alias in aliam rem posse accommdari viderentur.*

in die Kaiserzeit hinein immer wieder neu aufsprudelte, so steht doch gerade diese Epoche des zweiten punischen Krieges in der ganzen römischen Geschichte durch die Fruchtbarkeit sacral-politischer Erfindungen einzig da. Den vornehmsten Rang in diesen geheimen Machenschaften priesterlicher Politiker nimmt das sibyllinische Orakel ein, das die Ueberführung der Magna Mater aus Pessinunt anordnete (205), wobei die näheren Umstände die politische Bedeutung dieser Offenbarung ausser Zweifel stellen[1].

[1] Liv. XXIX 10, 4. Die Vorstellung Niebuhrs (I³ 562), die sich auf Ovids pikante Erfindung berufen kann (Fasti IV 247 ff.), als ob das Orakel nur eine dunkle Andeutung gegeben und erst durch die Decemvirn die specielle Hinweisung auf die Pessinuntische Göttin erhalten hätte, ist gewis unrichtig. Denn nach der jetzt gewonnenen Einsicht in dies Orakelwesen dürfen wir annehmen, dass die Sibylle einfach von der μήτηρ Ἰδογενής gesprochen hat. Dieser Ausdruck gerade scheint Anlass gegeben zu haben zu der Ausdeutung, die Mutter der Sibylle selbst sei die Idageborne, worüber sich im zweiten Jahrh. bei den Localantiquaren Kleinasiens ein grimmiger Kampf entspann, in dem die Erythräer unter dem Banner eines fabelhaften Chronisten, Apollodoros von Erythrai, die vulgäre Ansicht von der Abstammung der Sibylle aus ihrer Stadt mit einigen angeblich sibyllinischen Versen gegen jene Auslegung des römischen Sibyllinums zu retten suchten. Der letzte heisst

μητρόθεν ἰδογενής, πατρὶς δέ μοί ἐστιν Ἐρυθρή;

ἰδογενής wurde von ἴδη abgeleitet, da der Ida mit Erythrai nichts zu thun haben kann, und die Mutter als Waldnymphe bezeichnet. Dagegen hatte Demetrios von Skepsis, der fanatische Vorkämpfer seiner Heimat, Ἰδογενής von dem nomen proprium abgeleitet und ἐρυθρή umgekehrt zum Appellativum gestempelt, indem er in einem angehängten Verse die Stadt Marpessos mit ihrem rötlichen Boden als die Heimat der Sibylle in Anspruch nahm. Auf derselben Parteilichkeit beruht es, dass der Skepsier Rhea als Göttermutter in der Troas localisirt und den kretischen Zeusmythus keck damit

Bei der religiösen und politischen Aufregung dieser Zeit ist es nicht verwunderlich, dass die Zwitterprodigien, die so grosses Aufsehen erregt hatten, in kritischen Jahren wieder bedrohlich auftauchten. Wenn wir daher unser zweites Sibyllinum, das denselben Verfasser hat und sich durch das Motto wie durch den ganzen Inhalt als Wiederholung des ersten ankündigt, chronologisch bestimmen wollen, so brauchen wir nur wenige Jahre in den Annalen hinabzugehen, zum Anfange des nächsten grossen Krieges mit Philipp, der 200 begann.

Schon bei der Ankündigung des Krieges ordneten die Consuln dreitägige Supplication und Obsecration *circa omnia pulvinaria* an (Liv. XXXI 8, 2). Sodann liess das Volk (*civitas religiosa in principiis maxime novorum bellorum*) auch Spiele und Geschenke für Iuppiter geloben. Trotzdem liefen, noch ehe der Consul Sulpicius nach Griechenland abgesegelt war, eine Menge der erschrecklichsten Prodigienberichte ein. Unter anderen Misgeburten wird sogar ein doppeltes Zwitterprodigium gemeldet: im Sabinischen ward ein Kind geboren *incertus masculus an femina esset* (Liv. XXXI 12, 6) und ausserdem war ein sechzehnjähriger Hermaphrodit gefunden worden. Wegen dieser Zwitterprodigien, die besondere Angst erregt hatten (*ante omnia abominati semimares*

verbunden hatte (S. Haupt Op. II 54. Maass de Sib. 25). Natürlich ist es dann die Marpessische Sibylle, die Demetrios die Gründung Roms u. s. w. weissagen lässt bei Dionys I 55, 4 ὡς ἕτεροι γράφουσιν ἐν ἐρυθρᾷ ⟨χώρᾳ⟩ σχεδίῳ τῆς Ἴδης, ἔνθα ᾤκει Σίβυλλα ἐπιχωρία νύμφη. Mit diesen Fictionen hängt wol auch die berüchtigte Rhea Silvia und der ganze Silviermythus zusammen.

Liv. a. O. § 8) mussten natürlich die Decemvirn einschreiten. Es wurden dieselben Opfer angeordnet wie im J. 207: *decemviri ex libris res divinas easdem, quae proxime secundum id prodigium factae essent, imperarunt. carmen praeterea ab ter novenis virginibus cani per urbem iusserunt donumque Iunoni Reginae ferri.* Die beiden besonders angeführten Ceremonien, die ausser den Opfern hervorgehoben werden, das Jungfernlied und das Geschenk für Iuno Regina, sind glücklicherweise in unserm zweiten Orakel erhalten: das *carmen* V. 52, nach welchem zwei Verse ausgefallen sind, und die *signa cupressea* V. 56. 64, die nach Analogie von Liv. XXVII 37 unter *donum* zu verstehen sind. Man sieht also, dass die Ceremonie wol etwas erweitert, aber nicht wesentlich anders gestaltet ist als im vorigen Orakel, das ich auf das Jahr 207 bezog; auch die Annalen verweisen ja auf jenes Präcedens. Neu ist nur die politische Lage, die hier etwas ausführlicher gestreift wird. Das Vaterland ist wiederum in Gefahr V. 36

γαίας ὑμετέρας ἀπερυχέμεναι ζυγὸν αἰεί.

Man hält Ungläubige von dem Opfer fern (V. 41), was da an den sibyllinisch angeordneten Opfern das ganze Volk teilnahm, praktisch zu bedeuten scheint, dass Fremde und Sclaven (die ja grösstenteils fremder Nationalität und fremden Glaubens waren) ausgeschlossen werden sollen[1]. Dies können wir auch bei anderen nach sibylli-

[1] Oder soll ἀπιστόφιλος und νήπιστος das lateinische *impius* (= non purgatus) ausdrücken? Etwa wie Cic. de legg. II 9, 22 *impius ne audeto placare donis iram deorum* vgl. 16, 41 und Plato legg. IV 716; vgl. ferner Didymos in den Schol. zu Aristoph. Pax 968 Servius zur Aeneis I 378. Lübbert *Comment pontific.* S. 134 f.

nischem Ritus angeordneten Festen nachweisen. Bei den Megalesien hebt diesen Umstand besonders nachdrücklich Cicero in seiner Rede *de haruspicum responso* hervor (11, 22ff.). Bei der Säcularfeier des J. 17 wird dies ebenfalls bestimmt (Zosimus II 5, 1 s. S. 132, 2; vgl. Mommsen zu C. I. L. VI 877, II 15), ja sogar noch zu Kaiser Claudius Zeit bei einer gewöhnlichen obsecratio (Sueton Claudius 22)[1]. Es liegt dieser Anordnung nicht nur ein religiöser, sondern auch ein politischer Gedanke zu Grunde. Die Rettung des Staates beruht auf den Arcana der Procuration, der Fremde (hostis)[2] darf sie nicht kennen, damit er den Götterzwang nicht über-

---

[1] Isaeus VIII 16 τῷ Διὶ θύων τῷ Κτησίῳ περὶ ἣν μάλιστ' ἐκεῖνος θυσίαν ἐσπούδαζε καὶ οὔτε δούλους προσῆγεν οὔτε ἐλευθέρους ὀθνείους. Bei der Lectisternienfeier in Rom war der Unterschied von Fremden und Einheimischen absichtlich aufgehoben (s. Liv. V 13, 5 und die ätiologische Verknüpfung bei Dionys XII 10), doch folgt aus der exceptionellen Zulassung der Kinder der Freigelassenen i. J. 218 (s. S. 85[1]) Beschränkung für die Sclaven. Beachtenswert ist der koische Gebrauch bei Athen. VI p. 262 φησὶ Μακαρεὺς ἐν τῇ τρίτῃ Κῳακῶν ὅτι ὁπόταν τῇ Ἥρᾳ θύωσιν οἱ Κῷοι, οὔτε εἴσεισιν εἰς τὸ ἱερὸν δοῦλος οὔτε γεύεταί τινος τῶν παρεσκευασμένων. XIV p. 639 D Κῷοι δὲ τοὐναντίον δρῶσιν, ὡς ἱστορεῖ Μακαρεὺς ἐν τρίτῳ Κῳακῶν· ὅταν γὰρ τῇ Ἥρᾳ θύωσι, δοῦλοι οὐ παραγίνονται ἐπὶ τὴν εὐωχίαν. διὸ καὶ Εὐφορίωνα εἰρηκέναι που

Ῥειώνῃ μοῦνοι μὲν ἐλεύθεροι ἱεροεργοὶ
ἀνδράσι πὰρ Κῴοισιν ἐλεύθερον ἆμαρ ἔχοντες,
δούλων δ' οὔτις πάμπαν ἐσέρχεται οὐδ' ἠβαιόν.

Vgl. Hicks in der S. 52[1] (53) angef. Abhandlung und Dittenberger Ind. Schol. Hal. 1889/90 S. X. Für die Mysterien gilt wol allgemein das Wort des Isokrates IV 57 Εὐμολπίδαι... ἐν τῇ τελετῇ τῶν μυστηρίων... τοῖς βαρβάροις εἴργεσθαι τῶν ἱερῶν ὥσπερ τοῖς ἀνδροφόνοις προαγορεύουσιν.

[2] Vgl. Festus s. v. Exesto, s. S. 74[1].

biete[1]. Die Weissagung nun, die in dieses Orakel eingeflochten wird, ist eine doppelte. Die erste bezieht sich auf uralte Zeiten, auf Cumae's Gründung V. 53—56

καὶ νήσων ναέται τὴν ἀντιπάλων ὅτ' ἂν αἶαν
οὐ δόλῳ, ἀλλὰ βίᾳ Κυμαΐδα πρόφρονες αὖτε
νάσσωνται, σεμνῆς βασιληΐδος οἵδε τιθέντων
ἐν πατρίοισι νόμοις Ἥρας ξόανόν τε καὶ οἶκον.

Emperius hat erkannt, dass es sich hier um die erste Ansiedlung der Cumaner handelt. Er versteht unter νήσων Euboia, woher die Siedler allerdings ihrer überwiegenden Anzahl nach gekommen sind. Aber wie erklärt sich unter dieser Voraussetzung αὖτε? „Sie erobern wiederum, im Gegensatze zu ihrer früheren Lage in Campanien." Das ist sachlich und grammatisch unmöglich. Auch der Plural νήσων ist unrichtig, da soviel wir wissen keine Insel ausser Euboia an jener chalkidischen Siedlung beteiligt war. Ich verstehe vielmehr dem strengen Wortlaute entsprechend αὖτε νάσσωνται von wiederholter Niederlassung. Wir wissen aus Livius[2], dass jene kühnen Seefahrer zuerst die fruchtbaren Inseln Aenaria (Ischia) und Pithecusae (so Livius, er meint Prochyta, jetzt Procida) besetzt und dann erst gegenüber auf dem Festlande Cumae

[1] Vgl. Lobeck Aglaoph. 267. Welche Angst man in diesen Zeiten vor fremder Religionsübung hatte, zeigt das Verbot im J. 213 Liv. XXV 1, 12 *ne quis in publico sacrove loco novo aut externo ritu sacrificaret.*

[2] VIII 22 *Cumis erant oriundi* (cives Palaeopolis), *Cumani Chalcide Euboica originem trahunt. classe, qua advecti ab domo fuerant, multum in ora maris eius quod accolunt potuere, primo in insulas Aenariam et Pithecusas* (vgl. Mela II 121) *egressi, deinde in continentem ausi sedes transferre.*

besiedelt haben. So versteht man νήσων ναέται. Das Orakel fingirt also, die Sibylle habe den Cumanern lange vorher die Gründung ihrer Stadt geweissagt. Die eingetroffene Prophezeihung von der glücklichen und tapferen (βίᾳ) Besetzung der Stadt soll den Erfolg der neuen Prophetenkunst verbürgen; die aus grauer Vorzeit berichtete Tempelgründung und Weihung der Holzbilder soll für das verlangte spätere Weihgeschenk vorbildlich sein. Es versteht sich von selbst, dass die Erwähnung der cumanischen Vorgeschichte lediglich den Zweck verfolgt, die Authentie des Sibyllenorakels gemäss der herrschenden Legende zu erhärten und das moderne Fabrikat mit dem Stempel unvordenklichen Alterthums zu versehen[1].

Die Gegenwart wird dann am Schlusse berührt:

59 ἐν πολλῷ χρόνῳ αὖ τόδ' ἐφ' ὕστερον . . .
67 . . . ἦμος ἂν ἔλθῃ
ὔμμι χρόνος μάλα κεῖνος, ἐν ᾧ ποτε τἄλλα νεόγν' ᾖ,
Τρῶς δῆτ' ἐκλύσει σε κακῶν, ἅμα δ' Ἑλλάδος ἐκ γῆς.

Auch hier wie bei dem ersten Orakel naht die Hilfe aus hellenischem Lande. Zugleich wird in grammatisch nicht ganz concinner Form, aber doch verständlich, der Trojaner als Retter des Vaterlandes genannt. Fürwahr eine *latebra obscuritatis*. Was kann nicht alles mit Troja in Beziehung gebracht werden! Welche Fülle von Völkern und Städten in allen Gegenden des mittelländischen Meeres ist mit dem Falle jener Stadt in Verbindung gesetzt worden! Epirus (Helenos), Sicilien (Elymer,

---

[1] Daher auch der Archaismus der Holzbilder.

Eryx und Segesta), Africa (Maxyer), Sardinien (Paus. X 17, 6), in Italien Tarent, Capua und andere Städte sind wie Rom selbst nach alter griechischer Sage von Flüchtlingen Ilions colonisirt worden. An den Eryx hat, was ich in diesem Zusammenhange besonders hervorhebe, die Sibylle selbst im hannibalischen Kriege erinnert im J. 217, wo sie unter anderen grösseren Sühnungen auch einen Tempel der Venus Erycina zu weihen vorschrieb[1].

Aber ich glaube, dass die Römer im J. 200 keine Veranlassung hatten, an irgend eine andere Stadt als an Ilion selbst zu denken, dass also unter Τρῶς die damaligen Ἰλιεῖς zu verstehen sind (synekdochisch, wie im ersten Marcianum *Troiugena*). Das sogenannte Ilion war ja freilich eine unbedeutende Stadt[2], aber der Glanz des Namens hatte ihr bereits die Gunst Alexanders verschafft, der wie Agesilaos vordem bei seinem Perserfeldzuge an die Erinnerungen des Nationalepos anknüpfte[3]. Die Diadochen lösten die Versprechungen Alexanders ein und Antigonos und namentlich Lysimachos wandten der Stadt besondere Fürsorge zu, die unter den föderirten Staaten der Troas bereits damals (wenn nicht schon früher) eine Vorortstellung einnahm. Seleukos I und namentlich Antiochos I verdienten sich den Dank

---

[1] Liv. XXII 9, 10. XXIII 31, 9. vgl. XL 34, 4.

[2] Demetrios Skepsios bei Strabo p. 594, der aber tendenziös verkleinert. S. Haubold *de rebus Iliensium* Lips. 1888, 28; O. Rossbach Arch. Zeit. XLII (1884) 230 tritt für Demetrios' Zuverlässigkeit, wie mir scheint, vergeblich ein.

[3] Xenophon Hell. III 4, 3; vgl. die auf Philipp gemünzte Digression des Isokrates Panath. 74 ff.

der Einwohner. Und diesen Spuren folgt die römische Politik. Wenn eine vereinzelte Ueberlieferung nicht trügt, traten bereits um 245 die Römer als Beschützer der stammverwandten Ilier gegen des Seleukos Kallinikos Annexionsgelüste auf[1]. Mit Attalos I war das Verhältnis das allerfreundlichste, obgleich die staatsrechtliche Stellung der Stadt nicht klar ist. Jedenfalls hatte sie sich im Kriege Philipps gegen Rom als μητρόπολις gefühlt und an der Seite Athens und Pergamons die römische Partei ergriffen. Daher werden die Ilienser ausdrücklich in den Frieden d. J. 205 eingeschlossen[2]. Als P. Scipio 190 zur Bekämpfung des Antiochos Asien betrat, fand die allerherzlichste Begrüssung zwischen den Stammverwandten statt[3], der dann bald auch reellere Wohlthaten folgten. Im Frieden des J. 189 erhielten die Ilienser Autonomie und Steuerfreiheit sowie Gebietsvergrösserung *non tam ob recentia ulla merita quam originum memoriam* (Liv. XXXVIII 39, 10). So genossen die Ilienser auch in der Folge z. B. durch Sulla eine ganz ungewöhnliche Bevorzugung (vgl. Polyb. XXII 5). Man würde aber irren, wenn man diese Grossmut Roms auf Rechnung einer romantischen Schwärmerei setzen wollte. Nicht umsonst war der Meteorstein, der die Idageborene Göttin darstellte, in demselben Jahre von Rom erbeten worden,

[1] Haubold S. 24. Nissen Jahns Jahrb. f. cl. Phil. XC 384.

[2] Liv. XXIX 12, 14. Es ist das Jahr wo die Idäische Mutter nach Rom geholt ward.

[3] Liv. XXXVII 37 *Iliensibus in omni rerum verborumque honore ab se oriundos Romanos praeferentibus et Romanis laetis origine sua.*

wo Ilion an der Seite Roms auftaucht, nicht umsonst hatte Attalos sich so sehr um die Uebermittelung bemüht. Es war ein sinnbildlicher Vorgang, der zugleich eine Weissagung einschloss. Der Talisman Kleinasiens war an Rom übergegangen und Pergamon war es, das die Mission Roms in Osten begriff und unterstützte. Dies war offenbar auch die Auffassung der römischen Regierung. Gestützt auf seine mythische Abstammung trat Rom jetzt offen als Erbe Asiens auf. Schon das Orakel des Marcius hatte den Römer als *Troiugena* begrüsst, das Orakel in Delphi stimmt bald in diesen Ton ein, wenn es in einem kurz nach der Schlacht bei Kynoskephalai veröffentlichten Orakel mit sauersüssem Gesichte der γενεά Τρώων den Sieg über Hannibal und Philipp nachträglich weissagt[1]. Der Sieger von Kynoskephalai selbst hat sich den Griechen, denen er „die Freiheit" bringt, auf den delphischen Weihgeschenken als Aeneaden

[1] ἀλλ' ὁπότε Τρώων γενεὰ καθύπερθε γένηται
Φοινίκων ἐν ἀγῶνι, τότ' ἔσσεται ἔργα ἄπιστα·
πόντος μὲν λάμψει πῦρ ἄσπετον, ἐκ δὲ κεραυνῶν
πρηστῆρες μὲν ἄνω διὰ κύματος ἀΐξουσιν
ἄμμιγα σὺν πέτρᾳ, ἡ δὲ στηρίξεται αὐτοῦ
οὐ φατὸς ἀνθρώποις νῆσος· καὶ χείρονες ἄνδρες
χερσὶ βιησάμενοι τὸν κρείσσονα νικήσουσι.

Plutarch de Pyth. orac. c. 11 (aus Poseidonios περὶ μαντικῆς, vgl. Strabo I p. 57/58 und besonders Seneca Nat. Quaest. II 26, 4, s. oben S. 22[1]). Bei Plinius II 202 ist das Datum der Erhebung der neuen Insel, die im Orakel V. 3—6 geweissagt wird (natürlich ex eventu), falsch überliefert. Es ist zu lesen *olympiadis CXXXV* (statt *CXXXV*) *anno quarto*. Denn das J. 197 steht anderweitig fest; vgl. Justin XXX 4, der auch auf das Orakel anspielt.

vorgestellt[1]. Das war keine poetische Floskel, sondern politische Berechnung. Auch die warme Aufnahme, welche die nationalen Epen des Naevius und Ennius wie die Chronik der Fabius Pictor fanden, wurzelt gewiss zum Teil in der politischen Strömung, welche den Römern die Verwandtschaft mit Troia damals besonders lieb und wert machte. Dringt doch auch in die Poesie der augusteischen Zeit, wenn sie sich mit dem frommen Aeneas und mit Ilion beschäftigt, ein scharfer Hauch actueller Politik, und der Gedanke, dass das armselige Dorf, welches sich Ilion nannte, noch zu grossen Dingen bestimmt sei, taucht damals in höchst bemerkenswerter Weise in politischen Kreisen auf[2]. Es entspricht also die Erwartung unseres Orakels, dass von Troia das Heil kommen werde, nicht blos der poetischen Rolle der langlebigen Sibylle, die man sich ja als Zeitgenossin des trojanischen Kriegs, als Beraterin des Aeneas dachte, sondern auch der thatsächlichen weitausschauenden Orient-Politik Roms, wie sie in jenem Jahre 200 mit zielbewusster Energie inaugurirt wurde.

---

[1] Plutarch Titus 12. Dieselbe Propaganda ward in Delos damals von der römischen Nobilität getrieben, wo um 190—180 goldene Kränze u. s. w. von L. und T. Flamininus, L. Cornelius Scipio Asiagenus und Africanus, C. Livius Salinator, A. Atilius Ferrenus, Q. Fabius Labeo, L. Oppius u. A. gestiftet wurden. Bull. de corr. hell. VI (1882) S. 29 ff. (Dittenbergers Syll. 367).

[2] Mommsen Sitz. d. Berl. Ak. 1889, 27. S. Kiessling zu Horaz Od. III 3, 18. Bemerkenswerth ist auch die Erwähnung des Aeneas im Säcularliede V. 37. Ueber die Parallelisirung von Alt- und Neuilium bei den Augusteischen Dichtern vgl. Kiessling Phil. Unters. II 11 ff.

IX.

Wer ist nun der kluge Mann gewesen, der damals um die Wende des dritten und zweiten Jahrhunderts unter der Maske der alten cumanischen Wahrsagerin das geängstete Volk mit den Göttern versöhnte und zu wiederholten Malen *obscuris vera involvens* nach Sibyllenart politischen Rat und Trost erteilte? Die Vertrautheit mit dem Ritual, die Peinlichkeit der Opfer-Bestimmungen verrät den Genossen der Priesterschaft. Die Kenntnis des akrostichischen Geheimschlüssels weist auf das Collegium der Decemviri sacrorum. Die metrische und stilistische Ungewandtheit, die Wortarmut, der Misbrauch der Sprache, die im Munde eines Griechen seltsame Anweisung des griechischen Ritus (Ἀχαϊστί)[1], dies alles liess uns mehr auf einen griechisch gebildeten Römer als auf einen geborenen Griechen schliessen. Wir wissen, dass die Decemvirn seit alter Zeit zwei griechische Dolmetscher zur Unterstützung hatten (Dionys Antiq. IV 62, 5); es ist daher nicht ausgeschlossen, dass diese Gehilfen mitgearbeitet haben. Aber die Initiative hat jedenfalls ein Römer gehabt und vielleicht auch den Entwurf geliefert; denn die römische Nobilität verfügte damals bereits über eine ganze Reihe gründlich griechisch gebildeter Männer[2]. Von den Zeiten des Flamininus an können wir noch

---

[1] πατρίοισι νόμοισι V. 51 erklärt sich aus der Fiction des zweiten Orakels, dass Cumanern geweissagt wird, wie V. 56 ergibt.

[2] z. B. Marcellus (Plut. Marc. c. 1) und Scipio Maior selbst, bei dem sogar das Uebermass des *graecari* getadelt wird.

selbst den eigentümlich römisch-griechischen Kanzleistil verfolgen, wie ihn die römische Diplomatie zu ihrem Gebrauche sich zurechtgeschnitten hatte[1]. Wie die vornehme Gesellschaft Karthagos, so sprach auch der römische Adel damals die internationale Sprache und verkehrte in ihr mit den auswärtigen Nationen. Wie Hannibal als Schriftsteller, nicht blos als Diplomat sich der griechischen Sprache bediente (Nepos c. 13), so traten damals auch römische Historiker wie Fabius in die Fusstapfen des Thukydides, nicht etwa weil sie die lateinische Sprache für unfähig hielten zur geschichtlichen Darstellung, sondern weil jetzt die publicistische Propaganda im Osten gleichzeitig mit der politischen in Angriff genommen wurde. Man könnte eine ganze Reihe von Staatsmännern der damaligen Zeit nennen, die im Stande gewesen wären, sibyllinische Orakel, so wie sie uns vorliegen, zu verfassen. Man könnte an Scipio erinnern, der es nicht verschmähte, nach dem Vorbilde Lykurgs sich für seine politischen Massregeln göttliche Inspiration zu holen und dadurch, wie Polybios sich ausdrückt, dem Volke Mut und Zuversicht in der Gefahr einflösste[2]. Doch viel näher liegt

---

[1] S. Viereck *Sermo Graecus quo S. P. Q. R. usi sunt*, Göttinger Preisschrift 1888.

[2] X 2, 11 Λυκοῦργος μὲν ἀεὶ προσλαμβανόμενος ταῖς ἰδίαις ἐπιβολαῖς τὴν ἐκ τῆς Πυθίας φήμην εὐπαραδεκτοτέρας καὶ πιστοτέρας ἐποίει τὰς ἰδίας ἐπινοίας, Πόπλιος δὲ παραπλησίως ἐνεργαζόμενος αἰεὶ δόξαν τοῖς πολλοῖς ὡς μετά τινος θείας ἐπιπνοίας ποιούμενος τὰς ἐπιβολάς, ἐνθαρσεστέρους καὶ προθυμοτέρους κατεσκεύαζε τοὺς ὑποταττομένους πρὸς τὰ δεινὰ τῶν ἔργων. Lykurg legt die Vergleichung mit Isyllos nahe, der oben S. 61 f. characterisirt ward. Bemerkenswert ist es,

es, hier des Fabius Pictor selbst zu gedenken. Er hat sich als griechischen Schriftsteller bewährt, er gilt als Vertrauensmann Roms bei der heiligen Sendung nach Delphi, er stellt in seinen Annalen die Ceremonien eines römischen Festes mit vollkommener Sachkenntnis und einer Umständlichkeit dar, die von der sonstigen Dürre seines Chronikstiles auffallend absticht[1], er darf ferner, wenn meine oben begründete Vermutung nicht trügt, als Mitglied des sibyllinischen Collegiums[2] und als Verfertiger griechischer Hexameter gelten. Kommt schliesslich noch hinzu, dass unser zweites Orakel eine eingehende Kennt-

---

dass als man den „besten Mann“ im Staate suchte, der der Magna mater im J. 204 das römische Gastrecht officiell erweisen sollte (s. S. 50), P. Scipio Cn. f. Nasica erwählt wurde, der damals noch nicht einmal Quästor war. Man verstand also *optimum* lediglich im aristokratischen Sinne und feierte die Megalesien fernerhin als streng patricisches Fest, während die Cerealien plepejisch waren. Dies alles lässt auf den geistigen Urheber der ganzen Veranstaltung zurückschliessen.

[1] fr. 16 S. 24 Peter, erhalten bei Dionys VII 71—73. Wer diese lehrreiche Darstellung verfolgt, sieht dass hier ein mit dem Culte vollkommen Vertrauter spricht, dem es nicht nur Freude macht, sein Wissen von der Bedeutung der Götter und der Gebräuche behaglichst mitzuteilen, sondern der namentlich auch den Griechen zeigen will, dass die Römer in der wichtigsten Sache, der Religion, sich nicht von den Hellenen unterscheiden. Es ist sogar möglich, dass die Berufung auf Homer (c. 72 ἕκαστον δ' ὅτι κατὰ νόμους ἐγίνετο τοὺς ἀμφὶ θυσίαν ὑφ' Ἑλλήνων κατασταθέντας ἐκ τῆς Ὁμήρου ποιήσεως γνῶναι ῥᾴδιον) nicht erst Zuthat des Dionys ist.

[2] Leider sind uns die Xviri dieser Zeit nur sehr unvollständig bekannt. Livius nennt (XXV 2, 1. 2) C. Papirius L. F. Masso, nach dessen Tod im J. 213 L. Cornelius Lentulus erwählt wird. Dazu kommt aus Macrobius für das J. 212 Cornelius Rufus Sibylla (s. S. 7[2]).

nis der cumanischen Gründungsgeschichte verrät, wie sie schwerlich ein anderer Römer dieser Zeit besass, und dass die Hinweisung des Orakels auf die stammverwandte Hilfe Troias sich eng mit der absichtsvollen Ausführlichkeit seines Gründungsberichtes berührt [1], so darf es wenigstens als wahrscheinlich bezeichnet werden, dass Fabius Pictor der Dichter der beiden Androgynenorakel ist.

Dass das Ergebnis dieser Untersuchung nach mannigfachen Querzügen zu derselben Persönlichkeit zurückgekehrt ist, welche im Anfange bedeutsam hervorgetreten war, ist für mich selbst überraschend gewesen, aber ich erblicke im Namen nicht das Wesentliche. Denn jene Orakel sind nichts individuelles: sie kennzeichnen vielmehr die Bildung und Politik der leitenden Kreise und zugleich die Stimmung des römischen Volkes zur Zeit der schwersten Krisis. Sie zeigen uns auf der einen Seite die Masse in stumpfsinnigste Superstition fanatisch versunken, auf der andern Seite die Nobilität klug und energisch bemüht, auch diesen Aberglauben den Interessen des Vaterlandes dienstbar zu machen und zugleich die Blicke des Volkes auf die grossen Aufgaben der Zukunft hinzulenken. So leitet das in den Sibyllinen zu Beginn des zweiten Jahrhunderts ausgesprochene Losungswort Troia die neue Orientpolitik Roms ein, die mit bewunderungswürdiger Umsicht und Vorsicht verfolgt im J. 133 ihren Abschluss findet. Die Attaliden, die der Sibylle

[1] Das von Pictor hier (Annalen fr. 3 S. 8, 7 Peter) verwandte poetische Motiv, dem Aeneas im Traume seine künftigen Thaten weissagen zu lassen, erinnert an die sibyllinische Kunst.

gehorchend im J. 204 die grosse Landesgöttin ausgeliefert hatten, liefern den Enkeln das Land selbst aus. In diesem Zusammenhange betrachtet erscheint das Testament des dritten Attalos nicht als der Act eines Wahnsinnigen oder als das Werk eines Fälschers, sondern als die reife Frucht, welche der zielsicheren Politik des römischen Adels von selbst in den Schoss fiel.

PHLEGONS ANDROGYNENORAKEL

TEXTE UND ANMERKUNGEN.

P = Palatinus gr. 398, s. X (P^1 erste Hd., P^2 jüngerer Corrector). Eine Revision der Hobder'schen Collation verdanke ich der Güte des Herrn Prof. Dr. H. Stadtmüller in Heidelberg.

Xylander = Antonii Liberalis Transf. ed. G. Xylander. Basileae, 1568. 8⁰. S. 77 ff.

Meursius = Phlegontis Tralliani opuscula rec. I. Meursius. Lugduni Batavorum 1620. 4⁰. S. 65 ff.

Westermann = ΠΑΡΑΔΟΞΟΓΡΑΦΟΙ ed. W.. Brunsvigae 1839. 8⁰. S. 133, 10 ff.

Emperius = Recension des Westermann'schen Buches in Zimmermann's Zeitschrift 1839 n. 142 ff., abgedruckt in Emperii Opuscula ed. Schneidewin. Gottingae 1847. 8⁰. S. 231 ff.

Müller = Fragmenta historicorum graecorum coll. C. Müllerus. Parisiis 1849. 8⁰. t. III S. 619 n. 39.

Nauck = Philologus V (1850) 707 f. und Bulletin de l'Acad. imp. des sciences de St. Pétersb. XVII (1872) S. 229 ff. = Mélanges Gréco-Rom. III 278 ff.

Cobet = Mnemosyne VI (1857) S. 10 = Novae Lectiones S. 274

Keller = Paradoxographi. Lipsiae 1887. 8⁰. S. 75, 28 ff. (vgl. Praef. S. LXV ff.)

D = Vermutungen des Herausgebers.

PHLEGON MIRABILIA C. 10 (S. 75, 28 Keller).

Ἐγεννήθη καὶ ἐπὶ Ῥώμης ἀνδρόγυνος ἄρχοντος Ἀθήνησιν Ἰάσονος, ὑπατευόντων ἐν Ῥώμῃ Μάρκου Πλαυτίου [καὶ Σέξτου Καρμινίου] Ὑψαίου καὶ Μάρκου Φουλβίου Φλάκκου· δι' ἣν αἰτίαν ἡ σύγκλητος ἐκέλευσεν τοὺς ἱερομνήμονας ἀναγνῶναι τοὺς Σιβύλλης χρησμούς, καὶ ἐξηγήσαντο τοὺς χρησμούς. εἰσὶν δὲ οἱ χρησμοὶ οἵδε.

ERSTES ORAKEL.

. . . .

Ὅ σσα τέρα καὶ ὅσσα παθήματα δαίμονος Αἴσης,
Ἱ στὸς ἐμὸς λύσει, τάδ' ἐνὶ φρεσὶν αἴ κε νοήσῃς
Ῥ ώμῃ ἐῇ πίσυνος. καί τοί ποτέ φημι γυναῖκα
Ἀ νδρόγυνον τέξεσθαι ἔχοντά περ ἄρσενα πάντα

PHLEGON.

1 ἐγεννήθην, das letzte ν ausradiert P ἀθήνησιν P 2 πλατίου P καὶ — Καρμινίου] s. S. 3 f. 3 Ὑψαίου Meursius: ὑιαίου P 6 ἐξηγήσαντο] "ηγη in Rasur P[1], darüber ιλα P[2]; vielleicht stand dies unter der Rasur." Stadtmüller.

I. ORAKEL.

Den Anfangsvers (vor 1) ergänzt D S. 31 so: Μοῖραν ὀπισθομαθῶν, τίν' ἔφυ πᾶς εἰς τόπον ἐλθεῖν 1 τέρα ⟨τε⟩ Emperius

N ηπίαχαί θ' ὅσα θηλύτεραι φαίνουσι γυναῖκες.
O ὐκ ἔτι δὴ κρύψω, θυσίας δέ τοι ἐξαγορεύσω
Π ροφρονέως Δήμητρι καὶ ἁγνῇ Περσεφονείῃ.
Ἰ στῷ δ' αὐτὴ ἄνασσα θεά, τὰ μὲν αἴ κε πίθηαι,
Σ εμνοτάτῃ Δήμητρι καὶ ἁγνῇ Περσεφονείῃ·
Θ ησαυρὸν μὲν πρῶτα νομίσματος εἰς ἓν ἀθροίσας,
Ὅ ττι θέλεις ἀπὸ παμφύλων πόλεων τε καὶ αὐτῶν,
M ητρὶ Κόρης Δήμητρι κέλευ θυσίαν προτίθεσθαι·
A ὐτὰρ δημοσίᾳ κέλομαί σε τρὶς ἐννέα ταύρους

* * *

Φ ανὰς ἠυκέρους θυέμεν λευκότριχας, αἴ κεν
Ὑ μετέρᾳ γνώμῃ κάλλει προφερέσταται ὦσιν.
Π αῖδας, ὅσας πάρος εἶπα, κέλευ' Ἀχαϊστὶ τάδ' ἔρδειν
Ἀ θανάτην βασίλισσαν ἐπευχομένας θυέεσσιν
Σ εμνῶς καὶ καθαρῶς· τότε δὴ μετέπειτα δεχέσθω
Ἔ μπεδ' ἀφ' ὑμετέρων ἀλόχων ἱέρ', αὐτὰρ ἐπ' αὐτοῖς
Ἰ στῷ ἐμῷ πίσυνοι λαμπρὸν φάος αἶδε φερόντων
Σ εμνοτάτῃ Δήμητρι. τὸ δεύτερον αὖτε λαβοῦσαι
T ρὶς τόσα, νήφαλα πάντα, πυρὸς μαλεροῖο τιθέντων
Ὅ σσαι ἐπισταμένως θυσίαν γραῖαι προτίθενται.
Π ροφρονέως δ' ἄλλαι Πλουτωνίδι τόσσα λαβοῦσαι,
Ὅ σσαι ἐν ἡλικίῃ νεοθηλέα θυμὸν ἔχουσιν,

---

5 wol Νηπίαχοί (wie 26) D θ' über der Zeile P[2] 7 δήμητρι, τ auf zwei ausradirten Buchst., P ἰστῷ D: ἴστω P 8 αἴ κε D: εἴ κε P πίθηαι Xylander: πίθησα P 13 δημοσίαν P: δημοσίαι P[1] Lücke zwischen 13 und 14 bemerkte Keller. Es sind 7 Verse ausgefallen s. S. 31. Ueber den Inhalt derselben s. S. 38[1] 14 ἠΰκέρους, ὔκ in Ras. P 17 ἐπευχομένας Westermann: ἐπευχομένην P 20 πίσυννοι, aber erstes ν ausradirt, P 21 σεμνοτάτη P: corrigirt P[1] αὖτε Westermann: αὖται so P: αὐτὰ Xylander 23 γραῖαι Nauck: γρααὶ P 25 νεοθηλέα Nauck: νεοθαλέα P

Ν ηπίαχοι, σεμνὴν Πλουτωνίδα παντοδίδακτον
Ἐ ν πάτρᾳ εὐχέσθων μίμνειν πολέμου κρατέοντος,
Λ ήθην ⟨δ'⟩ Ἑλλήνεσσι πεσεῖν πόλεώς τε καὶ αὐτῆς·
Θ ησαυρὸν δὲ χόροι καὶ παρθένοι ἔνθα φερόντων.

* * *

ZWEITES ORAKEL.

* * *

Ἱ στῷ θειοπαγεῖ, καὶ ὑφάσματα ποικίλα σεμνή
Π λουτωνὶς κοσμείσθω, ὅπως σχέσις ᾖσι κακοῖσι.
Π ροφρονέως δ' ὅτι κάλλιστον καὶ εὐκτὸν ἐπ' αἶαν
Ὡ ς θνητοῖσιν ἰδέσθαι ἐπέπλετο, καὶ τὸ φέρεσθαι
Ἱ στῷ σύμμικτον δῶρον βασιληίδι κούρῃ.
Α ὐτὰρ ὅτ' ἂν Δήμητρι καὶ ἁγνῇ Περσεφονείῃ,
Γ αίας ὑμετέρας ἀπερυκέμεναι ζυγὸν αἰεί,
Α ἰδωνεῖ Πλούτωνι βοὸς κυανότριχος αἷμα
Λ αμπροῖς εἵμασι κοσμητοὺς μετὰ ποιμένος, ὅστις
Λ ήματι ᾧ πίσυνος βοὸς ἄρταμος αὐτὸς ὅδ' ἔσται,

---

26 παντοδίδακτον Xylander: παντο δίδακτοι P 27 πάτρα P: πάτραι P[1] ἀυτῆς so P 28 δ' Emperius: fehlt P: etwa θ'? D 29 δὲ χόροι Emperius: δ' ἕτεροι P

ZWEITES ORAKEL.

Den Anfang des zweiten Orakels ergänzt D S. 28 so: Οἷα πάθη Μοίρας, τὰ μὲν αἴ κε τις ἔλθῃ ἀλύξας Ἵππῳ ἀγαλλόμενος, πάλιν αὖ κακὸν εἰς νέον ἥξει· Αὐτὰρ . . . Im Ganzen fehlen ungefähr 36 Verse vor Ἱστῷ (V. 30), dem wol αἴ κε πίθηαι oder ähnliches unmittelbar vorhergegangen ist 30 ἱστῶ P: ἱστῶι P[1] καὶ ὑφάσματα Emperius: νυμφάσματα P σεμνὴν πλούτωνι κοσμεῖτο P: verbesserte Emperius 31 σχεσίησι P: σχεσίη'σι P[1]: verb. Xylander 32 προφρονέως, ν auf radiertem μ? P 37 αἰδωνῆ P: verb. Cobet 34 σύμμικτον verderbt 38 ἱμάσι P: verb. Xylander ὅστις, ὃς in Rasur auf εἷς oder εἵ, P 39 λήματι ᾧ Nauck und Cobet: ἡματίω P: ἡματίω' P[1] ἄρταμος Nauck: ἄρτεμος P ὁ δ' P

Ὁ σσοι τ' ἄλλοι ὁμοῦ πίσυνοι κατὰ πατρίδ' ἔασι·
Μ ὴ γὰρ ἀπιστόφιλος θυσίαισιν ἀνὴρ παρεπέσθω,
Ἔ ξω δ', ἔνθα νομιστὸν ἐπέπλετο φωτὶ τάδ' ἔρδειν
Ν ηπίστῳ καὶ ἄδαιτον ἔχειν θυσίαν. κατὰ δ' αὐτήν,
Ὅ στις ἂν ἡμετέρων χρησμῶν ἴδρις ἐς τόδ' ἵκηται,
Σ εμνὸν Φοῖβον ἄνακτα μετελθέτω ἐν θυσίαισι
Π ροφρονέως βωμοῖς ἔπι πίονα μηρία καύσας
Α ἰγῶν παλλευκῶν νεάτην· ἀτὰρ οἴδατε πάντες,
Λ ισσέσθω Φοῖβον Παιήονα κρᾶτα πυκάσσας
Ἱ κτήρ, ἐσπίπτοντος ὅπως λύσις ᾖσι κακοῖο.
Ν οστήσας δ' ἀπὸ τοῦ βασιληίδα πότνιαν Ἥρην,
Ἀ ργὴν βοῦν θύων πατρίοισι νόμοισι κατ' αἶσαν·
Ὑ μνεῖν ⟨δ'⟩ αἵ κε γένει προφερέστεραι ὧσ' ἐνὶ λαοῖς
⟨Κ⟩ . . . .
⟨Α⟩ . . . .
Κ αὶ νήσων ναέται τὴν ἀντιπάλων ὅτ' ἂν αἶαν
Ο ὐ δόλῳ, ἀλλὰ βίᾳ Κυμαΐδα πρόφρονες αὖτε
Ν άσσωνται, σεμνῆς βασιληίδος οἵδε τιθέντων
Ἐ ν πατρίοισι νόμοις Ἥρας ξόανόν τε καὶ οἶκον.

---

42 ἔνθα νομιστὸν Xylander: ἔνθ' ἀνόμιστον P 43 νηπίστῳ D: νούπιστοι P καὶ ἄδαιτον Emperius: κατάδαιτον P 47 πα▒λεύκων, 1 Buchst. vor λ ausradirt, P. Es stand wol πανλεύκων da wie in dem Saecularorakel V. 12 und dem Orakel bei G. Wolff *De phil. ex orac. haur.* S. 133[8] 49 ἱκτήρ, εἰσπίπτοντος Nauck: ἱκτῆρες πίπτοντος P λύσις ᾖσι κακοῖο Emperius: λυσίης ἀκακοιο P 52 δ' Emperius: fehlt P αἵ Xylander: αἴ P vielleicht προφερέσταται wie V. 15? D ὧσ' ἐνὶ λαοῖς Xylander: ωσενι λαοῖς P Lücke nach λαοῖς erkannte Emperius. Es sind 2 Verse ausgefallen D S. 28 53 νήσσων P 54 δόλῳ P: δολω' P[1] αὖτε Emperius: αὖται P 55 οἵδε τιθέντων Emperius: οἵ σε τίθενται P 56 πατρίοισιν ὁμοῖς P καὶ Emperius: κατ' P

Ἴ ξει δ', ἂν μύθοισιν ἐμοῖς τάδε πάντα πίθηαι
58 Σ εμνοτάτην βασίλισσαν ἐπελθὼν ἐν θυσίαισιν
60 Ν ήφαλά τε ῥέξας, ὅσαι ἡμέραι εἴσ' ἐνιαυτοῦ,
59 Ἐ ν πολλῷ χρόνῳ αὖ τόδ' ἐφ' ὕστερον, οὐκ ἔτ' ἐπ' αὐτοῖς.
61 Ὃ ς κε τάδε ῥέξῃ, κείνου κράτος ἔσσεται αἰεί·
Ν ηφαλίμων ἀρνῶν τε ταμὼν χθονίοις τάδε ῥέξον.
Ἦ μος ἂν ἤδη ἔχῃς μεγάλ' Ἥρης οἰκί' ἀπάντῃ,
Ξ εστά θ' ὅτ' ἂν ξόαν' ᾖσι καὶ τἆλλ' ὅσ' ἔλεξα, σάφ' ἴσθι
65 Ἐ ν πετάλοισιν ἐμοῖς (ὑπὸ κερκίδος ἀμφὶ καλύπτραν
Ἱ μέρτ' ὅσσ' ἔβαλον γλαυκῆς ἐλάας πολυκάρπου
Ἀ γλαὰ φύλλα λαβοῦσα) λύσιν κακοῦ· ἦμος ἂν ἔλθῃ
Υ̓́ μμι χρόνος μάλα κεῖνος, ἐν ᾧ ποτε τἆλλα νεόγν' ᾖ,
Τ ρὼς δῆτ' ἐκλύσει σε κακῶν, ἅμα δ' Ἑλλάδος ἐκ γῆς.
70 Α ὐτὰρ ποῦ μεταβᾶσαν ἐποτρύνεις ἀγορεῦσαι;

---

57 πίθηαι Emperius: τίθηνται P 58 ἐπελθὼν D: ἐπέλθῃ'ς P θυσίαισιν, αι in Rasur, P 60 und 59 stellte um D 60 τε D: κὲν P εἴσ' ἐνιαυτοῦ Nauck: εἰς ἐνιαυτὸν P 59 πολλῶ P: πολλῶι P[1] τόδ' D: τόθ' P: τότ' Meursius οὐκ ἔτ' D: ὅς κεν P 61 ῥέξῃ Nauck: ῥέξει P 63 ἔχῃς μεγάλ' Ἥρης οἰκί' ἀπάντῃ D: ἔχοις μεγαλήτην οὐ καπαντῆ P 64 ξεστά θ' ὅτ' ἂν ξόαν' ᾖσι D: ξεστοδοταν ξοανησιν so P τἆλλ' (wie V. 68) P σάφ' ἴσθι Keller: σαφι' P 65 καλύπτραν D: καλύπτρας P 66 ἱμέρτ' ὅσσ' ἔβαλον D: ἵμερτοσ σε βάλεν P 68 ὕμμι P ὧι P: ὧ P[1] νεόγν' ᾖ D: νεογνη P 69 δῆτ' ἐκλύσει Nauck: δητεκαυσει P ποῦ Emperius: σοῦ P

ANMERKUNGEN.

1 Vielleicht ist τε von Emperius mit Recht eingesetzt, da Partikeln auch sonst öfter ausgefallen sind, s. V. 5. 28. 52. Doch vgl. S. 32.

δαίμονος hat Nauck in τλήμονος ändern wollen. Die homerische Verbindung δαίμονος αἶσα widerrät dies. Grammatisch ist δαίμονος wol nicht zu fassen wie Archilochos 3, 4 κεῖνοι δαίμονές εἰσι μάχης, sondern der Verfasser dachte gewiss an die Personification Αἶσα, die Aischylos Choeph. 644 und vor allem Simonides (?) in dem S. 69[1] erwähnten Mörenlied (S. Wilamowitz Isyllos 16[2], Nauck T. G F.[2] XX) ausgeprägt haben. Das grammatische Verhältnis ist wie θεὰ Κύπρις bei Theokrit u. A., was Wilamowitz Eur. Her. II 143 zu V. 466 zusammenstellt. Es kommt den Verfasser darauf an, durch δαίμονος den göttlichen Ursprung des Orakels hervorzuheben wie V. 8 und sonst. Die Interpunction nach Αἴσης, welche die Ellipse von εἰσί voraussetzt, rührt von Emperius her.

2 λύσει hat Nauck in νήσει ändern wollen zum Schaden der Form und des Sinnes. Es müsste wenigstens ἔνησε heissen, da ja das längst gesponnene Schicksal sofort im Folgenden enthüllt wird. Andererseits ist λύσει tadellos. Die Sibylle hat die Aufgabe durch Enthüllung des Schicksals die Sühne anzuregen, welche den Zorn der Götter besänftigt und dadurch die λύσις κακοῖο herbeiführt; vgl. V. 31. 49. 67. Die Parenthese ἐνὶ φρεσὶν αἴ κε νοήσῃς kann sich dem Sinne nach nur auf die gehorsame Ausführung des Sühnevorschriften beziehen, nicht auf das Schicksalsgewebe. τάδ' kann dem Sinne nach sowohl zu λύσει (also determinativ zu V. 1) wie zu νοήσῃς gehören, aber die Analogie von V. 8 und 57 spricht für die letztere Auffassung; vgl. S. 74.

3 S. S. 67 f. vgl. auch das Säcularorakel V. 3 S. 134.

7 Die Construction ‚Opfer zu Gunsten der D. und P.' zeigt die gesuchte Brachylogie dieses Orakels, s. das Folgende. In Περσεφονείῃ ist wie sonst noch in ein par Ausnahmefällen der epische Dialect erhalten. Das Uebrige hat Metacharakterismus nach der damals in Rom gesprochenen κοινή erfahren. Es würde verkehrt sein und dem damaligen Brauche namentlich der Laienpoesie widersprechen, wenn man die epischen Formen wider die (freilich wenig verlässliche) Tradition durchführen wollte. Vgl. z. B. Isyllos (s. Wilamowitz S. 26 f.) und die Orphica der sybaritischen Gräber bei Comparetti *Journ. of Hellenic Studies* III (1882) 113 ff.

8 an der Ueberlieferung ist nichts zu ändern. Die Brachylogie, die gebietet ἐξηγόρευσεν aus V. 6 θυσίας ἐξαγορεύσω zu ergänzen, hat ihre Analogie an V. 35 ff., vgl. oben S. 64. ἄνασσα θεά ist Moira vgl. V. 1 und S. 120, 3 ff.

τὰ μὲν wäre man versucht in τάδε zu ändern mit erträglichem Hiat in der bukolischen Cäsur, aber der Gegensatz schwebt vor ἐὰν δὲ τάδε μὴ πίθῃ, ἀπολῇ.

9 wie V. 7; vgl. S. 33[1].

10 θησαυρόν; vgl. S. 39. 46[2].

11 Statt αὐτῶν C. Müller ἀστέων unrichtig; vgl. S. 74. Aehnlicher Hexameterschluss V. 28.

12 προτίθεσθαι; vgl. V. 23 und Plut. Crass. 19 φακοὺς καὶ ἅλας ἃ νομίζουσι Ῥωμαῖοι πένθιμα καὶ προτίθενται τοῖς νέκυσιν. Gewöhnlicher ist παρατιθέναι s. Porphyr. d. abst. II 16. Artemidor IV 81.

13 Ueber die Metrik vgl. S. 59 f.

14 ἠυκέρους wie νήκερον Hesiod Opp. 529.

16 πάρος εἶπα; vgl. V. 13. Ueber die heilige Zahl der Jungfrauen s. S. 39 f.

Statt Ἀχαϊστὶ schrieb Nauck ἀγελαστί, aber vgl. oben S. 55.

19 ἐπ' αὐτοῖς vgl. zu V. 11.

20 φάος vgl. S. 47. 91.

22 τρὶς τόσα; vgl. S. 40[1]. 42. πυρὸς beanstandete Emperius; doch s. S. 68. Eine Conjectur, etwa νηφάλι' ἄντα πυρὸς, scheint nicht angezeigt. Die Nebenformen zu νηφάλιος: νηφάλιμος V. 62 und νήφαλος V. 60 sind sprachlich berechtigt.

26 Zur Lesung Xylanders παντοδίδακτον vgl. Lactanz Inst. I 7, 9 bei G. Wolff *de philosophia ex. or. haur.* S. 186.

27 s. S. 78 f. 92.

28 Vgl. S. 75. Emperius hatte conjicirt λήθην δ' ἐν στήθεσσι

πεσεῖν πολέμου καὶ ἀϋτῆς! Das ginge, meinte er, auf die friedlichen Zeiten Hadrians s. S. 24. Diese Interpolation steht im Text der Ausgabe von Keller (und dessen Nachtreter Hendess)!

31 Die Entstellungen πλούτωνι, σχέσι, λύσι statt πλουτωνίς, σχέσις, λύσις lassen vielleicht darauf schliessen, dass ις in der Vorlage durch das Compendium ϛ ausgedrückt war.

32 κάλλιστον; vgl. S. 50.

33 ἐπέπλετο in präsentischer Bedeutung wie das Simplex öfter bei Homer vgl. Empedokles 350 Stein.

34 σύμμικτον könnte nur bedeuten, dass das δῶρον κάλλιστον zusammen mit einem Gewande (vgl. 30 ὑφάσματα) zu übergeben sei. Aber ἱστός kommt hier sonst nur in dem specifischen Sinne „Schicksalsgewebe" vor und die Stellung am Anfang (s. S. 32) lässt die gleiche Bedeutung auch hier voraussetzen. Daher würde man etwa σύμπειστον erwarten. Die Erklärung, dass die Gabe der Proserpina und den heiligen Büchern (auf dem Capitol!) gemeinschaftlich gehören solle (Emperius), ist zum mindesten wunderlich.

36 Vgl. S. 96. Zu ergänzen ist aus dem Zusammenhange (s. S. 64) εὔξῃ, das ich nicht geradezu (etwa statt αἰεὶ V. 36) einsetzen möchte.

37 Αἰδωνεῖ Πλούτωνι; vgl. S. 50, 3.

αἷμα, nemlich θύειν, wozu als Subject κοσμητούς (scil. decem viros) gehört; vgl. S. 51 f. Naucks Vermutung κοσμητοῦ ist jedenfalls entbehrlich.

39 λήματι ᾧ; vgl. S. 67. Zu δδ' vgl. S. 74.

41 ἀπιστόφιλος = νήπιστος (43); vgl. S. 32[1]. 96 ff. Ueber die Metrik vgl. S. 60.

42 „*Ironisch wird den Ungläubigen geboten* ἔξω καὶ ἄδαιτον ἔχειν θυσίαν, d. h. *sie sollen ganz ausgeschlossen werden*" Emperius. ἔξω δ' nemlich ἔστω, was aus παρεπέσθω zu erschliessen (Vgl. S. 65. 74[1]).

43 κατὰ δ' αὐτὴν *während des Opfers selbst.*

47 νεάτην. Da später andere Opfer folgen (V. 51 ff.), so kann das Ziegenopfer (vgl. S. 50, 4) nur die Opferhandlung von Z. 37 an abschliessen. In der That beginnt auch bei Livius XXVII 37 mit dem Opfer zu Ehren der Iuno Regina ein neuer, letzter Act der Procession.

Zu οἴδατε πάντες vgl. S. 52. Die Form οἴδατε ist hellenistisch, so Ps. Plato Demodokos 381 E, Meleager Anth. XII 81. Athenaios IV 161 D; als Imperativ vielleicht auch auf einer Pergamenischen

Inschr. (bei Fränkel) No. 301, aus der Zeit Attalos' I) σαφ?]ῶς οἴδατε τὸ 'Επιγένους (Pentameterschluss).

48 κρᾶτα πυκάσσας vgl. S. 51[3].

51 ἀργὴν βοῦν; vgl. S. 52, 6. Ueber die Metrik des Verses vgl. S. 60.

53 S. S. 98. Statt τὴν ἀντιπάλων vermutete C. Müller τῶν ἀγχιάλων ansprechend, aber ohne Not. Die weitere Textgestaltung Müller's τῶν ἀγχιάλων ὅτ' ἂν εἶεν ist grammatisch und inhaltlich unmöglich, was die neueren Herausgeber nicht abgehalten hat zu folgen.

58 Die Störung der Reihenfolge erkannte aus dem Sinne bereits Emperius, der von der Akrostichis keine Ahnung hatte. Er ordnete daher 57. 59. 60. 58, während die akrostichische Folge auf 57. 58. 60. 59 führt. Der Zusammenhang war ausserdem verdunkelt durch die Lesart ὅς κεν ἐπ' αὐτοῖς (V. 59). Der Sinn war dann: *wenn man die vorgeschriebenen Opfer erfüllt, so wird das Unheil später sich wiederholen.* Vielmehr wird erfordert: *wenn man die vorgeschriebenen Opfer erfüllt, so wird das Unheil später zwar sich wiederholen, aber es wird nicht mehr zu eueren Lebzeiten kommen.* Diesem Sinne entsprechend habe ich ἐφ' ὕστερον, οὐκ ἔτ' ἐπ' αὐτοῖς geschrieben. Ueber den Gebrauch von αὐτὸς vgl. zu V. 11, über ἐφ' ὕστερον S. 74.

62 S. S. 69.

63 Die Opferleistungen, die paradigmatisch von den Cumanern V. 55. 56 gefordert werden, sind erfüllt gedacht. Daraus ergibt sich die in den Text gesetzte Aenderung von selbst. ἁπάντῃ gehört zu μεγάλα. In der didaktischen Poesie sind Verbindungen wie ἀτάλαντον ἁπάντῃ (Empedokles 79. Arat 22), ἰσοπαλὲς πάντῃ (Parmenides 107), θερμὸν ἁπάντῃ (Emp. 98) häufig. Sie haben ihr Vorbild an Hesiods ἶσον ἁπάντῃ (Th. 524).

64 Die Ergänzung σάφ' ἴσθι scheint richtig; vgl. Kaibels Epigrammata 1034, 22. 1037, 7. „*So wisse genau auf Grund meiner Blätter die Lösung des Unheils.*" ἐν ist dann gebraucht wie Thukydides VII 11 τὰ μὲν πρότερον πραχθέντα ὦ 'Αθηναῖοι ἐν ἄλλαις πολλαῖς ἐπιστολαῖς ἴστε. Cic. de nat. d. I 26, 27 *videmus in scriptis*. Die Ergänzung σαφήσω würde die Verbindung mit dem folgenden erleichtern, aber das Simplex ist nicht nachweisbar.

65 ἐν πετάλοισιν; vgl. S. 56[4] (57).

Meine Gestaltung des folgenden ὑπὸ κερκίδος ἀμφὶ καλύπτραν ἱμέρτ' ὅσσ' ἔβαλον γλαυκῆς ἐλάας πολυκάρπου ἀγλαὰ φύλλα λαβοῦσα ist so zu verstehen: *Auf Veranlassung des Schicksals bedeckte ich meine lieblichen Augen mit dem Schleier, nachdem ich der fruchtreichen Olive glänzende Blätter ergriffen hatte.* ὑπὸ κερκίδος ist gleichbedeutend mit ὑφ' ἱστοῦ, das sonst üblich ist. Der Webstuhl vertritt die schicksalwebende Moira. Im Auftrage des Schicksals also vollzieht die Sibylle die heiligen Bräuche, welche zur Erkundung des Götterwillens und zur Lösung des Götterfluches notwendig sind. Diese Ceremonien, welche sie sinnbildlich und vorbildlich im Namen des unheilbelasteten Volkes vornimmt, sind zwiefach. Sie umhüllt ihre Augen mit dem Kopftuche und ergreift mit der Hand den Olivenzweig. Die Olive bezeichnet nicht etwa die Wahrsagerin; dafür würde der Lorber geeignet sein, obgleich auch diesem lustrale Eigenschaft innewohnt, wie es bei Festus (Epit. S. 117, 13 M.) heisst: *laureati milites sequebantur currum triumphantis, ut quasi purgati caede humana intrarent Urbem. Itaque eandem laurum omnibus suffitionibus adhiberi solitum erat.* Auch in dem sibyllinischen Culte wird der Lorberkranz so verwandt vgl. Liv. XL 37, 3 und in unserem Orakel selbst ist V. 48 κρᾶτα πυκάσσας nach Anleitung der Annalen so zu deuten (vgl. S. 51). Ueberhaupt hat ja der Kranz schon an und für sich kathartische Bedeutung, wie in den meisten Fällen der Anwendung ohne weiteres klar ist (S. Wilamowitz Eur. Her. II 181). Mit dem Oelzweig hat es also eine besondere Bewandtnis. Die milde, friededeutende Olive versinnbildlicht die *pax deorum.* Wie der linde Saft des Baumes einen Hauptbestandteil der chthonischen μειλίγματα bildet (S. 71[2]), so ist der Oelzweig in der Hand, der Oelkranz im Haar das Symbol der gesuchten oder erlangten Versöhnung mit der Gottheit der Tiefe. So schreibt Sophokles beim Eumenidenopfer 3 × 9 Oelzweige vor (483 τρὶς ἐννέ' αὐτῇ κλῶνας ἐξ ἀμφοῖν χεροῖν τιθεὶς ἐλάας τάσδ' ἐπεύχεσθαι λιτάς) und Isyllos von Epidauros, dem wir eine besondere Kenntniss des Cultes zutrauen dürfen, weiss den uranischen Lorbeer und die chthonische Olive sorgfältig zu scheiden B 10 (Wilamowitz Isyllos S. 9)

εἵμασιν ἐν λευκοῖσι δάφνας στεφάνοις ποτ' Ἀπόλλω,
ποὶ δ' Ἀσκλαπιὸν ἔρνεσι ἐλαίας ἡμεροφύλλου
ἁγνῶς πομπεύειν.

Ueber diesen Unterschied des Lorbers und der Olive hat sich auch ein anderer Fachmann ausgesprochen: ἐπὶ τῶν νοσούντων ἡ μὲν ἐλαία θανατηφόρος οὖσα τετήρηται αὐτή τε καὶ ὁ καρπὸς αὐτῆς καὶ τὰ φύλλα, δάφνη δὲ σωτήριος. καὶ γὰρ εἰκός· τοῖς γὰρ ἀποθανοῦσιν ἐλαίας μὲν συνεκφέρουσιν, δάφνας δὲ οὐδαμῶς (Artemidor Onirocr. IV

57). Eine gute Erläuterung dieser düstern Symbolik gibt die Beschreibung der Leichenfeier des Misenus bei Vergil Aeneis VI 212 ff., deren letzter Act die Reinigung der Gefährten ist (V. 229)

idem ter socios pura circum tulit unda
spargens ore levi et ramo felicis olivae
lustravitque viros dixitque novissima verba.

Der unwissende Servius und ihm folgend C. F. Hermann (Gottesd. Altert. II 127) durften diesen Brauch nicht ungewöhnlich nennen. Vgl. auch [Theokrit] Herakliskos 96 θαλλῷ ἐπιρραίνειν ἐστεμμένῳ ἀβλαβὲς ὕδωρ [1]. Aus dem ursprünglichen hilastischen Gebrauche im chthonischen Culte hat sich nun die Sitte der ἱκετηρία weiter verbreitet (vgl. Herodot VII 141 und öfter, viele nach ihm); Orestes z. B. naht bei Aischylos (Eum. 43) dem Orakel zur Sühnung ἔχοντ' ἐλαίας ὑψιγέννητον κλάδον λήνει μεγίστῳ σωφρόνως ἐστεμμένον ἀργῆτι μαλλῷ [2]. Als solche ἱκέτις erscheint auch die Sibylle, wie es denn zur Prophetentracht gehört, den versöhnenden Oelzweig auf dem Haupte oder in der Hand zu haben. Besonders belehrend ist dafür ein Zauberpapyrus bei Wessely (Denkschr. der phil.-hist. Cl. der Wiener Ak. XVI Bd. (1888) S. 44, 931 ff. ὅταν μαντεύῃ ἠμφιεσμένος προφητικῷ σχήματι κούκινα (Schuhe von Kokospalmen geflochten) ὑποδεδεμένος καὶ ἐστεμμένος τὴν κεφαλήν σου κλωσὶ ἐλαίας und V. 1228 ἐπὶ τῆς κεφαλῆς αὐτοῦ βάλε ἔμπροσθεν αὐτοῦ κλῶνας ἐλαίας καὶ ὄπισθεν αὐτοῦ. Aber schon Empedokles tritt in seinen Katharmen in ähnlichem Aufzuge vor die der Erlösung harrende Menge (v. 357 Stein): ταινίαις τε περίστεπτος στέφεσίν τε θαλείοις.

Die Bekränzung mit Tänien hat dieselbe Urbedeutung wie die Olive und ist daher fast stets schwesterlich dieser gesellt. So besonders deutlich auf einer Pergamenischen Inschrift (in Fränkel's Sammlung n. 40). Sie enthält einen Erlass Attalos I (oder eines früheren Dynasten), der die Einsetzung eines neuen Priestertums verordnet und die Tracht vorschreibt: ὁ δ' ἀεὶ λαχὼν φορείτω χλαμύδα λευκὴν καὶ στέφανον ἐλάας μετὰ ταινιδίου φοινικιοῦ. Diese Verbindung, die bei der εἰρεσιώνη stehend geworden ist, wird im griechen Ritus bei Bittceremonien ausserordentlich häufig erwähnt. Um von griechischen Citaten abzusehen, vgl. Liv. XXIV 30 *Hippo-*

---

[1] Vgl. auch Orpheus Argon. 325. Lith. 736.

[2] Vgl. Plut. Thes. 18.

crates atque Epicydes ramos oleae ac velamenta alia supplicium porrigentes orare ut reciperet sese (vgl. XXV 25, 6. XXXV 34, 7. XXXVI 20); XXIX 16, 6 *decem legati Locrensium obsiti squalore et sordibus in comitio sedentibus consulibus, velamenta supplicium, ramos oleae, ut Graecis mos est, porgentes.* Die Wollbinden allein erscheinen z. B. bei Plautus Amphitr. 257 *velatis manibus orant, ignoscamus peccatum suom.*

Wie erklärt sich nun die kathartische Bedeutung der Wollbinde? Sie hängt wie die des Wollvliesses selbst mit der Urbedeutung des Lammopfers zusammen, wie sich aus dem S. 69² (70) und 48² Angedeuteten ergibt. Indem der Sünder mit dem Felle bekleidet erscheint, tritt er an die Stelle des Opfers und eignet sich die Versöhnung an, die das stellvertretende Tier durch seinen Tod bei der Gottheit erwirkt hat[1]. Der Ritus des Umbindens von Wolle ist abgeschwächt aus der ursprünglichen Verhüllung. Wie bereits S. 69 ausgeführt ist, verlangt die unterirdische Gottheit eigentlich den Schuldigen selbst. Daher wurde er ursprünglich in die Erde gegraben, (wie bei der Vestalinnenverurteilung, dem Opfer *Graecus et Graeca* u. s. w., s. S. 85 ff.), später verhüllt, als dem Dunkel der Erde geweiht. Dies hat sich in ursprünglicher Bedeutung erhalten in den Devotionsceremonien (Liv. I 26), die ein Verhüllen des Hauptes fordern (s. Marquardt Handb. VI 279 f.), abgeschwächt im römischen Culte, der beim Opfern eine Verhüllung fordert. Denn in Italien hat sich der lustrale Ritus bei der so überaus überwiegenden Menge chthonischer Culte (s. Schwegler I 230. 237) als übermächtig herausgestellt. Aber auch das Verhüllen der Braut (nubere) mit dem flammeum und der Neophyten in den Mysterien bewahrt das Andenken an den ursprünglichen Sühnritus. Die deutlichste Vorstellung von dieser Verhüllung des Hauptes geben die von Ersilia Lovatelli zusammengestellten Lustrationsdarstellungen *Bullettino comunale di Roma* VII (1879) T. 4 und 5. Das umhüllende Tuch reicht hier nur bis über die Augen und lässt das Untergesicht frei. Diese Darstellungen beziehen sich auf die Mysterien, und zwar vermutlich die eleusinischen, deren Anschauungen wir bereits in dem alten Demeterhymnos wiederfinden. In einer Art von ätiologischem Mythos wird nemlich hier die Reihenfolge der

---

[1] Was Nägelsbach *nachhom. Theologie* S. 353 f. gegen die stellvertretende Kraft des Tieropfers sagt, wird schon durch seine eignen Beispiele widerlegt.

mit dem Neuling vorgenommenen heiligen Sühnriten in der Person der Demeter selbst zur Anschauung gebracht. Der Zustand des der Erlösung harrenden, noch nicht gereinigten und geweihten Mysten stellt sich demnach in jener Personification so dar V. 194 ff.:

ἀλλ' ἀκέουσ' ἀνέμιμνε κατ' ὄμματα καλὰ βαλοῦσα
πρίν γ' ὅτι δή οἱ ἔθηκεν Ἰάμβη κέδν' εἰδυῖα
πηκτὸν ἕδος, καθύπερθε δ' ἐπ' ἀργύφεον βάλε κῶας
ἔνθα καθεζομένη προκατέσχετο χερσὶ καλύπτρην.
δηρὸν δ' ἄφθογγος τετιημένη ἧστ' ἐπὶ δίφρου,
οὐδέ τιν' οὔτ' ἔπεϊ προσπτύσσετο οὔτε τι ἔργῳ,
ἀλλ' ἀγέλαστος, ἄπαστος ἐδητύος ἠδὲ ποτῆτος,
ἧστο πόθῳ μινύθουσα βαθυζώνοιο θυγατρός.

Der tiefe Schmerz der Mutter wird hier mit dem reuevollen Zustande des fluchbeladenen Sünders parallesiert, der durch die Ceremonien der κάθαρσις von der Welt Sünde gereinigt wird, um dann durch die weiteren Stufen der Weihen zur Gemeinschaft der Gottheit geführt zu werden. In der angeführten Stelle ist jedes Wort auf diese Parallele zugeschnitten: uns geht hier nur der Gestus der Verhüllung an, der in V. 198 klar hervortritt[1]. Der Ursinn dieses Brauches zeigt sich nicht minder deutlich auch an andern Stellen. In den Worten des Orest in den Eumeniden 276 ἐγὼ διδαχθεὶς ἐν κακοῖς ἐπίσταμαι πολλοὺς καθαρμούς bemerkt der Scholiast οἱ ἐναγεῖς οὔτε ἐν [tilge ἐν] ἱερῷ προσῄεσαν οὔτε προσέβλεπον οὐδὲ διελέγοντό τινι. Und der Venetus zu Ω 480 ἔθος ἦν παρὰ τοῖς παλαιοῖς τὸν ἀκούσιον φόνον εἰργασμένον φεύγειν ἐκ τῆς πατρίδος καὶ παραγίγνεσθαι εἰς τινος οἰκίαν ἀνδρὸς πλουσίου καὶ καθίζειν ἐπὶ τῆς ἑστίας συγκεκαλυμμένον καθαρσίων δεόμενον. Vor allem ist hier die für die Katharsis der Mörder klassische Stelle des Apollonios zu citiren (IV 695). Iason und Medeia sollen vom Brudermord gereinigt werden. Stumm und schuldbewusst harren sie des Sühners

ἡ μὲν ἐπ' ἀμφοτέραις θεμένη χείρεσσι μέτωπα
. . . . . . οὐδέποτ' ὄσσε
ἰθὺς ἐνὶ βλεφάροισιν ἀνέσχεθον.

---

[1] Die Farbe dieser Hülle ist bedeutsam V. 41 κυάνεον δὲ κάλυμμα κατ' ἀμφοτέρων βάλετ' ὤμων (vgl. Homer Ω 93. Helbig *Das hom. Epos*[2] 216). Ein solches trägt wol auch die Sibylle. Daher der Name Μελαγκραίρα, den Timaios überliefert (Arist. mir. ausc. 95, 838a 9. Lykophron 1464).

Doch ist hier die psychologische Auffassung der Ceremonie natürlich ganz durchgedrungen.

Man wird jetzt den Gestus der Sibylle verstehen, mit dem sie die Schuld des Volkes auf sich nimmt und als Sünderin von den erzürnten Göttern die Erlösung (λύσιν κακοῦ) erfleht; und so wird meine Herstellung der bisher gänzlich sinnlosen Verse, die nur ganz gelinde Aenderungen bedingt, ernstlichen Zweifeln kaum begegnen. Ich verstehe ἀμφὶ καλύπτραν ἱμέρτ' ὄσσ' ἔβαλον so: ἀμφέβαλον ὄσσε καλύπτραν *„ich bedeckte meine lieblichen Augen mit dem Schleier"*. Die Stelle scheint der in der Odyssee z. B. γ 467 (und dem sprachverwandten Buche Ω) häufigen Formel ἀμφὶ δέ μιν φᾶρος καλὸν βάλεν ἠδὲ χιτῶνα nachgebildet[1]. Ueber ἱμερτά vgl. S. 75.

67 Mit ἦμος ἄν nimmt die Sibylle nach der Parenthese das ἦμος ἄν V. 63 wieder auf und schliesst damit die V. 57 begonnene Weissagung ab.

Man beachte nach dem, was ich S. 27f. angedeutet habe, wie der Anfang des neuen Akrostichisverses αὐτὰρ V. 67 mitten im festgefügten Zusammenhange des Orakeltextes einsetzt, während erst 4 Verse später der neue Sinnesabschnitt beginnt. Vgl. V. 30.

68 τἄλλα νεόγν' ᾖ. Eine Form νεογνής ist unbezeugt, daher meine Deutung des überlieferten νεογνη um so mehr geboten als ᾖ für den Sinn nötig scheint. τἄλλα νεογνά sind die *nova monstra*, Vorboten grossen Unheils.

69 s. S. 99 ff.

70 bestätigt, dass die ganze vorhergehende Stelle von V. 57—69 als Digression zu fassen ist. Da die Akrostichis noch weiterläuft, so war das Orakel ursprünglich gewis noch beträchtlich länger.

---

[1] Auf der diesem Büchlein vorgesetzten Vignette, welche die Vorderseite einer Silbermünze des L. Manlius Torquatus III vir monet. (um 54 v. Chr.) nach einem schönen Exemplar des Berliner Cabinets widergibt (Rückseite L. TORQVAT. IIIVIR, Dreifuss, darauf Amphora, darüber zwei Sterne; vgl. Eckhel, *Doctr. n.* V 244. Babelon, *Monnaies de la Rép. rom.* Paris 1886, II 179 f.), ist die Sibylle nicht als ἱκέτις, sondern als κάτοχος ἐκ θεοῦ aufgefasst und darum als βάκχη mit Epheulaub bekränzt dargestellt. In den von Robert auf die Sibylle gedeuteten Pompejanischen Wandbildern (Hermes XXII 454 ff.) scheint sie lorbeerbekränzt zu sein.

TEXT DER URKUNDEN
ZUM
AUGUSTEISCHEN SAECULARFESTE
BEI ZOSIMOS UND PHLEGON.

V = Vaticanus Gr. 156 (Archetypus). Orthographisches ist weggelassen.

P = Phlegons Codex Palatinus (zu dem Orakel S. 133, 17 ff.).

Politianus = Miscellanea I c. 58 Florentiae 1489.

Panvinius = De ludis saecularibus in seinen Fasti. Venet. 1558.

Stephanus = Zosimus I II in seiner Herodianausgabe. Paris. 1581.

Sylburg = Zos. ed. Francof. 1590.

Heyne = Animadversiones in I. F. Reitemeyers Zosimusausgabe Lips. 1784.

Bekker = Zosimus in Scriptores hist. Byr. Bonn. 1837.

Mendelssohn = Zosimus ed. Lips. 1887.

D = Vermutungen des Herausgebers.

ZOSIMUS HISTORIA NOVA II 1 (S. 54, 11 Mendelss.)

⟨Σεκουλαρίων δ' ἔχει τὴν προσηγορίαν⟩ ἐκ τοῦ τὸν μακρότατον ἀνθρώπου βίον τὸ μέσον διάστημα περιλαμβάνειν ταύτης τῆς ἑορτῆς· σέκουλον γὰρ τὸν αἰῶνα Ῥωμαῖοι καλοῦσιν. συντελεῖ δὲ πρὸς λοιμῶν καὶ φθορῶν καὶ νόσων ἀκέσεις. ἔσχεν δὲ τὴν ἀρχὴν ἐξ αἰτίας τοιᾶσδε. Οὐαλέσιος, ἀφ' οὗ τὸ Οὐαλεριανὸν κατάγεται γένος, ἦν ἐν τῷ Σαβίνων ἔθνει περιφανής. τούτῳ πρὸ τῆς οἰκίας ἄλσος ἦν ἐκ δένδρων μεγίστων. τούτων πεσόντος κεραυνοῦ καταφλεχθέντων ἠπόρει πρὸς τὸ [ἐκ τοῦ κεραυνοῦ καταφλεχθέντων] σημαινόμενον, νόσου δὲ τοῖς αὐτοῦ παισὶν ἐνσκηψάσης ὑπὲρ τὴν τῶν ἰατρῶν τέχνην διὰ τῶν μάντεων ᾔει. (2) τῶν δὲ διὰ τοῦ τρόπου τῆς τοῦ πυρὸς πτώσεως ὅτι θεῶν ἐστι μῆνις τεκμηραμένων, εἰκότως δι' ἐκθυσιῶν ὁ Οὐαλέσιος τὸ θεῖον ἐξιλεοῦτο [διὰ τῶν μάντεων]· ὤν τε μετὰ τῆς γυναικὸς ἐν φόβῳ, καὶ τὸν τῶν παίδων θάνατον ἐλπίζων ὅσον οὐδέπω

1 Die Lücke in V füllte dem Sinne nach aus D. Ueber die Veranlassung zu diesem Excurse (Säcularfest Maximians) s. Mendelssohn z. d. St. 3 σέκουλον Sylburg: σέκουλα V 5 ουαλεσος wie c. 2, 2 V 6 Οὐαλεριανὸν D: οὐαλεριανῶν V: Οὐαλερίων Sylburg 9 [ἐκ τ. κ. καταφλεχθέντων] D: [καταφλεχθέντων] Heumann 14 [διὰ τῶν μάντεων] Heyne

συμβήσεσθαι, προσπεσὼν τῇ Ἑστίᾳ δύο τελείας ἀντὶ τῶν παίδων αὐτῇ δώσειν ὑπισχνεῖτο ψυχάς, ἑαυτοῦ τε καὶ τῆς τῶν παίδων μητρός. (3) ἀποβλέπων δὲ εἰς τὸ κεραυνόβλητον ἄλσος ἀκούειν φωνῆς ἔδοξεν, ἀπάγειν εἰς Τάραντα ἐγκελευομένης τὰ τέκνα κἀκεῖσε θερμήναντα τοῦ Τιβέρεως ὕδωρ ἐπὶ τῆς Ἅιδου καὶ Περσεφόνης ἐσχάρας τοῖς παισὶν δοῦναι πιεῖν. ταῦτα ἀκούσας τότε δὴ πλέον τὴν τῶν παίδων σωτηρίαν ἀπήλπισεν· Τάραντά τε γὰρ πόρρω που τῆς Ἰταλίας εἶναι, καὶ οὐκ ἂν ἐν ταύτῃ τοῦ Τιβέρεως ὕδωρ φανήσεσθαι. διδόναι δὲ αὐτῷ πονηρὰν ἐλπίδα καὶ τὸ θερμῆναι τὸ ὕδωρ ἐπὶ βωμοῦ χθονίων δαιμόνων ἀκοῦσαι.

2. Ἐπὶ τούτοις ἀπορησάντων καὶ τῶν τερατοσκόπων αὖθις πυθόμενος ἔγνω δεῖν τῷ θεῷ πείθεσθαι, καὶ ἐμβαλὼν πλοίῳ ποταμίῳ τὰ τέκνα κατήγετο. πυρεταινόντων δὲ αὐτῶν ὑπὸ καύματος, τούτῳ προσέπλει τῆς ὄχθης τῷ μέρει καθ' ὃ τὸ τοῦ ποταμοῦ ῥεῖθρον ἠρεμαῖον ἐδόκει. καλύβην δὲ ποιούμενος, ⟨ὡς⟩ ἐναυλισθείη ἅμα τοῖς παισίν, ἤκουεν καταγαγέσθαι δεῖν ἐν τῷ Τάραντι· ταύτην γὰρ εἶχεν ὁ τόπος προσηγορίαν, τῷ κατὰ τὴν ἄκραν Ἰαπυγίαν ὁμώνυμος ὢν Τάραντι. (2) προσκυνήσας οὖν ἐπὶ τῇ συντυχίᾳ τὸ θεῖον ὁ Οὐαλέσιος ἐπὶ τὴν χέρσον ὀκεῖλαι τῷ κυβερνήτῃ προσέταττεν, καὶ

---

4 ταρανταν V: vielleicht nach dem lat. Original Τάραντον wie 2, 3 9 ἐνταῦθα Mendelssohn 14 κατήγετο Mendelssohn: κατήγαγε (γα halb ausradiert) τὸ V πυρεταινόντων D: πῦρ ἐκτενόντων V: πυρεττόντων Mendelssohn 15 καύματος D: καύματι V 16 καλύβην D: καλύβῃ V ποιούμενος ⟨ὡς⟩ D: ποιούμενος V: ποιμένος sinnlos Vulgata 17 ἐναυλισθείη D (Der Hiat ist nirgends streng gemieden und in diesem Excerpte öfter verletzt z. B. S. 132, 5. 24. 133, 5): ἐναυλισθείς V. Das Zelt sollte auf dem Schiffe errichtet werden; vgl. die Variante Val. Max. II 4, 5 καταγαγέσθαι D: κατάγεσθαι V

ἀποβὰς τοῖς παισὶν ἐξεῖπεν. ἀρυσάμενος δὲ ἐκ τοῦ Θύμβριδος ὕδωρ καὶ τοῦτο θερμήνας ἐπί τινος κατὰ τὸν τόπον ὑπ' αὐτοῦ πεποιημένης ἐσχάρας ἔδωκε πιεῖν τοῖς παισίν. (3) οἱ δὲ ἅμα τῷ πιεῖν ὕπνου προσγενομένου κατέστησαν ὑγιεῖς. ὄναρ δὲ θεασάμενοι προσαγαγεῖν ἱερεῖα μέλανα Περσεφόνῃ καὶ Ἅιδῃ καὶ τρεῖς ἐπαλλήλους ἄγειν παννυχίδας ᾠδῶν καὶ χορῶν, ἀφηγήσαντο πρὸς τὸν πατέρα τὸ ὄναρ, ὡς ἀνδρὸς μεγάλου καὶ θεοπρεποῦς ταῦτα ποιεῖν ἐπισκήψαντος ἐπὶ τοῦ κατὰ Τάραντον Ἀρείου πεδίου, καθ' ὃ καὶ ἀνεῖται τόπος εἰς γυμνάσιον ἵππων. (4) βουλομένου δὲ τοῦ Οὐαλεσίου βωμὸν αὐτόθι καθιδρῦσαι καὶ τῶν λιθοξόων ὀρυττόντων ἐπὶ τούτῳ τὸν τόπον, βωμὸς εὑρέθη πεποιημένος, ἐν ᾧ γράμματα ἦν 'Ἅιδου καὶ Περσεφόνης'. τότε τοίνυν σαφέστερον διδαχθεὶς τὸ πρακτέον, τούτῳ τῷ βωμῷ τὰ μέλανα προσῆγεν ἱερεῖα καὶ τὰς παννυχίδας ἐν αὐτῷ διετέλει ποιῶν.

3. Οὗτος δὲ ὁ βωμὸς καὶ ἡ τῆς ἱερουργίας κατάστασις ἀρχὴν ἔλαβεν ἐξ αἰτίας τοιᾶσδε. Ῥωμαίοις καὶ Ἀλβανοῖς πόλεμος ἦν. ὄντων δὲ ἀμφοτέρων ἐν ὅπλοις ἐπεφάνη τις τερατώδης τὴν ὄψιν, ἠμφιεσμένος δέρματι μέλανι καὶ βοῶν, ὡς Ἅιδης καὶ Περσεφόνη πρὶν εἰς χεῖρας ἐλθεῖν θυσίαν ὑπὸ γῆν αὐτοῖς ποιῆσαι προσέταξαν. (2) καὶ ταῦτα εἰπὼν ἀφανὴς γίνεται. τότε τοίνυν οἱ Ῥωμαῖοι ταραχθέντες ἐπὶ

---

1 παισὶν Mendelssohn: ποιμαισιν V[1]: ποιμέσιν sinnlos Vulgata 2 Das Wunder der feuerspeienden Erde hat Zosimos beseitigt vgl. Val. und Zos. selbst 3, 3 (130, 13) 9 ἐπὶ τοῦ κατὰ Τάραντον Ἀρείου πεδίου d. h. *auf dem in der Nähe des Tarentum gelegenen Teile des Marsfeldes:* ἐπὶ τοῦ κατὰ Τάραντα πυρίνου πεδίου unrichtig Mendelssohn 15 τὰς] *die Z. 6 vorgeschriebenen* wie S. 130, 4; τρεῖς unrichtig Mendelssohn

τῷ φάσματι καὶ τὸν βωμὸν ὑπὸ γῆς ἵδρυσαν καὶ τὴν θυσίαν πεποιηκότες χώματι βάθους εἴκοσι ποδῶν κατεκάλυψαν τὸν βωμόν, ὡς ἂν πλὴν Ῥωμαίων ἅπασι τοῖς ἄλλοις ἄδηλον εἴη. τοῦτον ὁ Οὐαλέσιος εὑρὼν καὶ τὴν θυσίαν καὶ τὰς παννυχίδας ἐπιτελέσας ἐκλήθη Μάνιος Οὐαλέριος Ταραντῖνος. τούς τε γάρ χθονίους θεοὺς μάνης καλοῦσι Ῥωμαῖοι καὶ τὸ ὑγιαίνειν βαλῆρε· Ταραντῖνος δὲ ἀπὸ τῆς ἐν τῷ Τάραντι θυσίας. (3) χρόνοις δὲ ὕστερον λοιμοῦ συμβάντος τῇ πόλει τῷ πρώτῳ μετὰ τοὺς βασιλέας ἔτει, Πόπλιος Βαλέριος Ποπλικόλας ἐν τούτῳ τῷ βωμῷ θύσας Ἅιδῃ καὶ Περσεφόνῃ μέλανα βοῦν καὶ δάμαλιν μέλαιναν ἠλευθέρωσε τῆς νόσου τὴν πόλιν, ἐπιγράψας τῷ βωμῷ ταῦτα· ‘Πόπλιος Βαλέριος Ποπλικόλας τὸ πυροφόρον πεδίον Ἅιδῃ καὶ Περσεφόνῃ καθιέρωσα καὶ θεωρίας ἤγαγον Ἅιδῃ καὶ Περσεφόνῃ ὑπὲρ τῆς Ῥωμαίων ἐλευθερίας.’

4. Μετὰ δὲ ταῦτα νόσων καὶ πολέμων ἐνσκηψάντων ἔτει μετὰ τὸν τῆς πόλεως οἰκισμὸν πεντακοσιοστῷ δευτέρῳ (varronisch 205/249) λύσιν εὑρεῖν ἡ γερουσία τῶν κακῶν ἐκ τῶν Σιβύλλης βουλομένη χρησμῶν τοῖς εἰς τοῦτο τεταγμένοις ἀνδράσιν δέκα τοὺς χρησμοὺς ἀνερευνῆσαι παρεκελεύσατο. τῶν δὲ λογίων παυθήσεσθαι τὸ κακόν, εἰ θύσαιεν Ἅιδῃ καὶ Περσεφόνῃ, προαγορευσάντων, ἀναζητήσαντες τὸν τόπον Ἅιδῃ καὶ Περσεφόνῃ κατὰ τὸ προσταχθὲν καθήγισαν, ⟨ὡς καὶ πρότερον ἐγένετο Μάρκου Οὐαλερίου καὶ⟩ Μάρκου Ποπιλίου τὸ τέταρτον ὑπατεύοντος (406/348). (2) καὶ τῆς ἱερουργίας

---

2 vielleicht βάθος 3 ἄδηλος Bekker 7 Ταραντῖνος, nemlich ἐκλήθη: s. Z. 5 13 πυροφόρον Panvinius (vgl. Val. M. a. O. u. Zosim. III 25, 2): πῦρ ὄφερον V 20 δέκα Mendelssohn: τὰ καὶ V 23 ⟨ὡς — καὶ⟩ D nach Festus bei Roth Rh. Mus. VIII 374: fehlt V 24 ποπιλίου Roth: ποπλίου V (s. S. 131, 6 die Variante πουηλίου)

συντελεσθείσης τῶν ἐπικειμένων ἀπαλλαγέντες τὸν βωμὸν αὖθις ἐκάλυψαν, ἐν ἐσχάτῳ που κείμενον τοῦ Ἀρείου πεδίου. ταύτης ἐπὶ χρόνον τῆς θυσίας ἀμεληθείσης, αὖθίς τινων συμπεσόντων ἀποθυμίων ἀνενεώσαντο τὴν ἑορτὴν [Ὀκταβιανὸς ὁ Σεβαστός] ὑπάτων ὄντων Λουκίου Κηνσωρίνου καὶ Μανίου Μανιλίου (605/149) [πουηλίου] * * * τὸν θεσμὸν Ἀτηίου Καπίτωνος ἐξηγησαμένου, τοὺς ⟨δὲ⟩ χρόνους, καθ' οὓς ἔδει τὴν θυσίαν γενέσθαι καὶ τὴν θεωρίαν ἀχθῆναι, τῶν πεντεκαίδεκα ἀνδρῶν, οἳ τὰ Σιβύλλης θέσφατα φυλάττειν ἐτάχθησαν, ἀνερευνησάντων. (3) μετὰ δὲ τὸν Σεβαστὸν Κλαύδιος ἤγαγεν τὴν ἑορτήν, οὐ φυλάξας τὸν τῶν ὡρισμένων ἐτῶν ἀριθμόν. μεθ' ὃν Δομετιανὸς τὸν Κλαύδιον παραπεμψάμενος καὶ τὴν περίοδον τῶν ἐτῶν, ἀφ' οὗ τὴν ἑορτὴν ὁ Σεβαστὸς ἐπετέλεσεν, ἀριθμήσας ἔδοξεν τὸν ἐξ ἀρχῆς παραδοθέντα φυλάττειν θεσμόν. ἐπὶ τούτοις ὁ Σεβῆρος τῶν δέκα καὶ ἑκατὸν ἐνστάντων ἐτῶν ἅμα τοῖς παισὶν Ἀντωνίνῳ καὶ Γέτᾳ τὴν αὐτὴν ἑορτὴν κατεστήσατο, Χίλωνος καὶ Λίβωνος ὄντων ὑπάτων (204 n. Chr.).

5. Τοιοῦτος δέ τις ὁ τρόπος ἀναγέγραπται τῆς ἑορτῆς. περιιόντες οἱ κήρυκες εἰς τὴν ἑορτὴν συνιέναι πάντας ἐκέλευον ἐπὶ θέαν, ἣν οὔτε πρότερον εἶδον οὔτε μετὰ ταῦτα θεάσονται. κατὰ δὲ τὴν ὥραν τοῦ θέρους, πρὸ ἡμερῶν ὀλίγων τοῦ τὴν θεωρίαν ἀχθῆναι, ἐν τῷ Καπιτωλίῳ καὶ ἐν τῷ νεῷ τῷ κατὰ τὸ Παλάτιον οἱ δεκαπέντε ἄνδρες ἐπὶ

---

4 ἀνενεώσαντο D: ἀνενεώσατο V 5 [Ὀκταβιανὸς ὁ Σεβαστός] D, gehört in die Lücke vor τὸν θεσμὸν Z. 6 6 Μανίου Μανιλίου nach Roth Mendelssohn: μάρκου μαλλίου V τῶν θεσμων V 7 ⟨δὲ⟩ Bekker: fehlt V 9 ἀχθῆναι Bekker: ἀναχθῆναι V 14 vielleicht ἐπετέλει, συναριθμήσας (vgl. oben S. 14, 3) D 20 [εἰς τὴν ἑορτὴν] Mendelssohn 23 ἀχθῆναι Vulg.: ἀρχθῆναι V

βήματος καθήμενοι τῷ δήμῳ διανέμουσι τὰ καθάρσια· ταῦτα δέ ἐστιν δᾷδες καὶ θεῖον καὶ ἄσφαλτον. δοῦλοι δὲ τούτων οὐ μετέχουσιν, ἀλλὰ ἐλεύθεροι μόνοι. (2) συνελθόντος δὲ τοῦ δήμου παντὸς ἔν τε τοῖς ῥηθεῖσιν τόποις καὶ ἐν τῷ ἱερῷ τῆς Ἀρτέμιδος, ὃ ἐν τῷ Ἀουεντίνῳ λόφῳ καθίδρυται, σῖτον καὶ κριθὴν ἕκαστος φέρει καὶ κύαμον. καὶ ταῖς Μοίραις ἄγουσι παννυχίδας μετὰ σεμνότητος ἐν ⟨γ̄⟩ νυξίν. ἐνστάντος δὲ τοῦ χρόνου τῆς ἑορτῆς, ἣν ἐν τρισὶν ἡμέραις ἐν τῷ τοῦ Ἄρεως ἐπιτελοῦσι πεδίῳ καὶ ταῖς ἴσαις νυξίν, καθιεροῦτο τὰ τελούμενα παρὰ τὴν ὄχθην τοῦ Θύμβριδος ἐν τῷ Τάραντι· θύουσι δὲ θεοῖς Διὶ καὶ Ἥρᾳ καὶ Ἀπόλλωνι καὶ Λητοῖ καὶ Ἀρτέμιδι καὶ προσέτι γε Μοίραις καὶ Εἰλειθυίαις καὶ Δήμητρι καὶ Ἅιδῃ καὶ Περσεφόνῃ. (3) τῇ δὲ πρώτῃ τῶν θεωριῶν νυκτὶ δευτέρας ὥρας ὁ αὐτοκράτωρ ἐπὶ τὴν ὄχθην τοῦ ποταμοῦ τριῶν παρασκευασθέντων βωμῶν τρεῖς ἄρνας θύει μετὰ τῶν δεκαπέντε ἀνδρῶν, καὶ τοὺς βωμοὺς καθαιμάξας ὁλοκαυτεῖ τὰ θύματα. κατασκευασθείσης δὲ σκηνῆς δίκην θεάτρου φῶτα ἀνάπτεται καὶ πυρά, καὶ ὕμνος ᾄδεται νεωστὶ πεποιημένος, θεωρίαι τε ἱεροπρεπεῖς ἄγονται. (4) κομίζονται δὲ οἱ ταῦτα ποιοῦντες μισθὸν τὰς ἀπαρχὰς τῶν καρπῶν, σίτου καὶ κριθῆς καὶ κυάμων. αὗται γάρ, ὡς εἴρηταί μοι, καὶ τῷ δήμῳ παντὶ διανέμονται. τῇ δὲ μετὰ ταύτην ἡμέρᾳ εἰς τὸ Καπιτώλιον ἀναβάντες, κἀνταῦθα τὰς νενομισμένας θυσίας προσαγαγόντες, ἐντεῦθέν τε ἐπὶ τὸ

2 ἄσφαλτον (öfter bezeugte Nebenform) V: ἄσφαλτος Bekker 5 ὅπερ Mendelssohn, aber s. zu S. 128, 17 8 ἐν ⟨γ⟩ D: ἐν V: ἐννέα Heyne, denkbar auch ἐν ⟨ἐννέα⟩ 18 δίκην Panvinius: δίχα V 23 εἴρηταί μοι] Z. 6; vgl. das Orakel V. 27 (S. 136) 25 προσαγαγόντες Stephanus: προσάγοντες V

κατεσκευασμένον θέατρον ἐλθόντες, τὰς θεωρίας ἐπιτελοῦσιν Ἀπόλλωνι καὶ Ἀρτέμιδι. τῇ δὲ μετὰ ταύτην ἡμέρᾳ γυναῖκες ἐπίσημοί, κατὰ τὴν ὥραν, ἣν ὁ χρησμὸς ὑπηγόρευσεν, εἰς τὸ Καπιτώλιον συνελθοῦσαι λιτανεύουσιν τὴν θεὸν καὶ ὑμνοῦσιν ὡς θέμις. ἡμέρᾳ δέ τρίτῃ ἐν τῷ κατὰ τὸ Παλάτιον Ἀπόλλωνος ἱερῷ τρὶς ἐννέα παῖδες ἐπιφανεῖς μετὰ παρθένων τοσούτων, οἱ πάντες ἀμφιθαλεῖς, ὅπερ ἐστὶν ἀμφοτέρους τοὺς γονεῖς ἔχοντες περιόντας, ὕμνους ᾄδουσι τῇ τε Ἑλλήνων καὶ Ῥωμαίων φωνῇ καὶ παιᾶνας, δι' ὧν αἱ ὑπὸ Ῥωμαίους σῴζονται πόλεις. ἄλλα τε κατὰ τὸν ὑφηγημένον παρὰ τοῦ θείου τρόπον ἐπράττετο, ὧν ἐπιτελουμένων διέμεινεν ἡ ἀρχὴ Ῥωμαίων ἀλώβητος. ὡς ἂν δὲ καὶ ἐπὶ τῶν πραγμάτων ἀληθῆ ταῦτα εἶναι πιστεύσωμεν, αὐτὸν παραθήσομαι τὸν Σιβύλλης χρησμόν, ἤδη πρὸ ἡμῶν παρ' ἑτέρων ἀνενηνεγμένον.

SAECULARORAKEL

6. Ἀλλ' ὁπότ' ἂν μήκιστος ἵκῃ χρόνος ἀνθρώποισι
ζωῆς, εἰς ἐτέων ἑκατὸν δέκα κύκλον ὁδεύων,

---

3 χρησμὸς] die Angabe fehlt im Orakel V. 23. Ueber solche Discrepanzen vgl. oben S. 14 f. 4 τὴν Mendelssohn: τὸν V
15 ἑτέρων] Phlegon Macrob. 4 (S. 91, 25 Keller), der folgende Einleitung gibt p. 91, 16: τὴν δὲ γενεὰν Σίβυλλα ἱστορεῖ ἐτῶν ἑκατὸν δέκα ἐν τῷ χρησμῷ τῷ πρὸς Ῥωμαίους περὶ τῶν αἰωνίων θεῶν [so richtig; vgl. S. 131, 21], ἃ Ῥωμαῖοι σεκουλάρια καλοῦσι. τῶν γὰρ συμμάχων αὐτῶν καὶ κοινωνῶν μὴ ἐμμενόντων ταῖς συνθήκαις, ἀλλὰ πυκνὰ μεταβαλλομένων καὶ πολεμούντων αὐτοῖς ἡ Σίβυλλα ἐχρησμῴδησεν ἐπιτελεσθεισῶν τῶν θεωριῶν τούτων ὑποταγήσεσθαι τοὺς ἀφεστῶτας Λατίνους. εἰσὶν δὲ οἱ χρησμοὶ οἵδε.

Orakel V. 1 ἵκῃ PV: ἴῃ wahrscheinlich Salmasius 2 ὁδεύσας P

μεμνῆσθαι, ʽΡωμαῖε, καὶ εἰ μάλα λήσει ἑαυτόν,
μεμνῆσθαι τάδε πάντα, θεοῖσι μὲν ἀθανάτοισι
ῥέζειν ἐν πεδίῳ παρὰ Θύβριδος ἄπλετον ὕδωρ,
ὅππῃ στεινότατον, νὺξ ἡνίκα γαῖαν ἐπέλθῃ,
ἠελίου κρύψαντος ἑὸν φάος· ἔνθα σὺ ῥέζειν
ἱερὰ παντογόνοις Μοίραις ἄρνας τε καὶ αἶγας
κυανέας, ἐπὶ ταῖς δ' Εἰλειθυίας ἀρέσασθαι
παιδοτόκους θυέεσσιν, ὅπῃ θέμις· αὖθι δὲ Γαίῃ
πληθομένῃ χοίροις ὗς ἱρεύοιτο μέλαινα.
πάνλευκοι ταῦροι δὲ Διὸς παρὰ βωμὸν ἀγέσθων
ἤματι μηδ' ἐπὶ νυκτί· θεοῖσι γὰρ οὐρανίδῃσιν
ἡμέριος πέλεται θυέων τρόπος· ὣς δὲ καὶ αὐτός
ἱρεύειν. δαμάλης τε βοὸς δέμας ἀγλαὸν Ἥρης
δεξάσθω νηὸς παρὰ σεῦ. καὶ Φοῖβος Ἀπόλλων,
ὅστε καὶ ἠέλιος κικλήσκεται, ἶσα δεδέχθω
θύματα Λητοΐδης. καὶ ἀειδόμενοί τε Λατῖνοι
παιᾶνες κούροισι κόρῃσί τε νηὸν ἔχοιεν
ἀθανάτων. χωρὶς δὲ κόραι χορὸν αὗται ἔχοιεν

---

3 λήσει P: λῆσαι V ἑαυτόν Eberhard: ἑαυτοῦ P: εαυτὸς V^1: ἑαυτοὺς, in ἑαυτοῦ corr.. V^2 4 μὲν ἀθάνατοισι VP: καταχθονίοισι Mendelssohn, der auch das folgende wegen des Programms c. 5, 2 für lückenhaft und entstellt hält 5 ῥέξειν P 7 σὺ P: σε V 9 κυανέας δ' P 9 τασδ' V^1 10 θύεσιν V 11 πληθομένη Mendelssohn: πληθομένῃ PV χοίροις ὗς Mendelssohn: χοιρος ὑστ' V: χώροις δῖς P ἱερεύοιτο VP^1: verb. P^2 12 παλιλευκοι, aber verb. V^1 13 μὴ δέ τε P 13 οὐρανίδῃσιν D (s. V. 30): οὐρανίδαισιν P: οὐρανιηισιν V^1: οὐρανιοισιν V^2 14 πέλαται V^1 αὐτος V^2: αὐτοῖς P: αὐτῆς V^1: αὕτως Stephanus 15 ἱερεύειν PV δάμαλις PV 17 αἴσια δέχθω P 18 καὶ fehlt V 19 κούροισι κόρῃσί Nauck: κούροις κούρῃσι P: κούροις ορaισι V^1 20. 21 χωρὶς — ἔχοιεν καὶ fehlt V^1 20 αὗται P: αὐταὶ V ἄγοιεν Heyne

καὶ χωρὶς παίδων ἄρσην στάχυς, ἀλλὰ γονήων
πάντες ζωόντων, οἷς ἀμφιθαλὴς ἔτι φύτλη.
αἱ δὲ γάμου ζεύγλαις δεδμημέναι ἤματι κείνῳ
γνὺξ Ἥρης παρὰ βωμὸν ἀοίδιμον ἑδριόωσαι
δαίμονα λισσέσθωσαν. ἅπασι δὲ λύματα δοῦναι
ἀνδράσιν ἠδὲ γυναιξί, μάλιστα δὲ θηλυτέρῃσιν.
πάντες δ' ἐξ οἴκοιο φερέσθων, ὅσσα κομίζειν
ἔστι θέμις θνητοῖσιν ἀπαρχομένοις βιότοιο,
δαίμοσι μειλιχίοισιν ἱλάσματα καὶ μακάρεσσιν
οὐρανίδαις. τὰ δὲ πάντα τεθησαυρισμένα κείσθω,
ὄφρα τέλη θυμέλῃσι . . . .
. . . . ⟨θηλυτέρῃσι⟩ καὶ ἀνδράσιν ἑδριόωσιν
ἔνθεν πορσύνῃς μεμνημένος. ἤμασι δ' ἔστω
νυξί τ' ἐπασσυτέρῃσι θεοπρέπτους κατὰ θώκους
παμπληθὴς ἄγυρις. σπουδὴ δὲ γέλωτι μεμίχθω.
ταῦτά τοι ἐν φρεσὶν ᾗσιν ἀεὶ μεμνημένος εἶναι,
καί σοι πᾶσα χθὼν Ἰταλὴ καὶ πᾶσα Λατίνων
αἰὲν ὑπὸ σκήπτροισιν ἐπαυχένιον ζυγὸν ἕξει.

---

21 ἄρσην fehlt V 22 πάντες Nauck: πάντων PV ζωόντων τοῖς P: ζωοντωοις V[1]: ἀριζήλων οἷς τ' Mendelssohn 23 ζεύγλαισι P κείνῳ stimmt nicht mit dem Programm; s. S. 133, 3 26 θηλυτέραισι P 28 ἀπαρχομένους V[1] 30 οὐρανιδες V[1]: οὐρανίοις P κεῖσθαι P 31 τε λῆιθυμέλῃισι P: τε δη θυμεληισι V[1]: τέλη θυμέλῃσι Kiessling, der Lücke eines Verses annimmt und θηλυτέρῃσι ergänzt. Sinn desselben etwa θυμέλῃσι καταχθονίων ἐπιβάλλῃς δῶρά τε 32 ἵδρυοωσιν V 34 ἐπασσυτέραισι P θεοπροπίους P 35 αγυρι V[1] τε V μεμισθω V[1] 36 φρεσὶ σῇσιν P 37 λατίνη V. S. oben S. 13 f. 38 σκέπροισιν V[1] ἐπαυχένιον Politianus: ὑπαυχένιον PV

INHALTSVERZEICHNIS

I. DEUTSCH-LATEINISCHES REGISTER.

P = Phlegon. Z = Zosimos.
A = Androgynenorakel. S = Säcularorakel.

II. GRIECHISCHES REGISTER.

* bedeutet lexicalisch bisher nicht verzeichnete Wörter.

Erklärung der von C. L. Becker gezeichneten Titelvignette s. S. 124, Anm. 1.

FSC
www.fsc.org
MIX
Papier | Fördert gute Waldnutzung
FSC® C083411

Kolibri 360 GmbH
Ferdinand-Jühlke-Straße 7
99095 Erfurt, Deutschland
produktsicherheit@kolibri360.de